Dinkel & Co.

Wertvolle Getreidesorten für Ihre Gesundheit

ISBN 3-901794-33-6

Autoren: Prof. Robert Gieler, Am Rosenberg 1/9, 1130 Wien; Peter Gradwohl, Hauptstraße 40, 7331 Weppersdorf.

Fotonachweis: Titelbild – wir danken der Mühle Kianek für die freundliche Genehmigung, dieses Bild verwenden zu dürfen.

Pflanzenfotos: Wolfgang Eisl, 5360 St. Wolfgang. Gebäck: Foto Beranek, Schmerlingplatz 3, 1010 Wien.

Layout, Fotosatz, technische Bearbeitung: Verlag des Österreichischen Kneippbundes Ges.m.b.H.

Druck: Druckerei Berger, A-3580 Horn.

2. Auflage

Leoben, Jänner 2002

Prof. Robert Gieler · Peter Gradwohl

Dinkel & Co.

Wertvolle Getreidesorten für Ihre Gesundheit

KNEIPP VERLAG

Inhalt

Grünkern-Rezepte

Amaranth-Rezepte

Kamut-Rezepte

Quinoa

Quinoa-Rezepte

Körner – Urnahrung der Menschen

***Das Korn stellt in seiner geschlossenen,
harmonisch ausgewogenen Ganzheit
ein natürliches Gebilde dar,
das die vollkommenste Form
der Nahrung ist,
die die Natur uns bieten kann.***

W. Kollath

Als der Mensch durch den aufrechten Gang und das Feuer aus dem Dunkel der Urgeschichte in den täglichen Existenzkampf trat, spielte die Ernährung aus Gründen der Überlebensstrategie eine wichtige Rolle. Er war Jäger, Fischer und Sammler und wurde später zum Viehzüchter und Getreideanbauer.

In der Nähe des Eises, in der Tundra, herrschte die Jagd vor, hier war das Fleisch das Grundnahrungsmittel. Die gesammelten Früchte dienten nur als Beikost. In Gebieten mit mildem Klima und vielfältiger Vegetation ernährte sich der Mensch vorwiegend von Gras- und Körnerfrüchten, Blättern, Beeren, Wurzeln, Zwiebeln und Pilzen.

Vom Gras zum Getreide

Unter Getreide versteht man die reifen, ausgedroschenen Körnerfrüchte verschiedener Pflanzen, besonders Gräser. Jahrtausende waren nötig, um aus den Pflanzen und Wildgräsern die heutigen Kulturformen zu züchten.

Die Körnerpflanzen konnten nur bedingt für die Ernährung verwendet werden. Die reifen Früchte fielen sehr leicht aus der Ähre oder Rispe und dadurch ging immer ein erheblicher Teil der Ernte verloren. Allmählich lernte der Mensch, Körnerpflanzen auszulesen.
Zum Aussäen wurden großfruchtige Körnerpflanzen ausgewählt und so entstanden nach und nach aus den bitter schmeckenden Wildpflanzen Getreidegräser.

Den Menschen der Urzeit gelang es, aus Wild- und Steppengräsern Getreidegräser zu züchten.

Körner oder Cerealien stammen von Kulturpflanzen, die wegen ihrer stärkemehlreichen, trockenen Kornfrüchte oder Samen in vielen Sorten feldmäßig angebaut werden. Getreide wie Weizen, Dinkel und Roggen gehören zur Familie der Gräser; Buchweizen ist ein Knöterichgewächs, Quinoa und Amaranth sind mit Gemüsepflanzen verwandt.

Die heutigen Körner- und Getreidearten wurden durch Mutationen, Züchtungen und Kreuzungen über einen Zeitraum von Jahrtausenden von den Menschen entwickelt.
Das Sesshaftwerden der Menschen, das Anlegen und bearbeiten von Äckern, Erfahrung, Geduld und Fleiß waren Voraussetzungen für die Erzeugung von Getreidemengen, die den Menschen aller Zeiten als Grundlage ihrer Ernährung dienten.

So wurden Cerealien zum Symbol der Existenzerhaltung für die Menschen. Von Ceres, der römischen Göttin des Ackerbaues und »Mutter der Erde«, kommt die Bezeichnung Cerealien für essbare Körnerfrüchte.

Mit Ausnahme der Eskimos und Nomaden haben sich fast alle Völker im Laufe der Jahrtausende von Cerealien ernährt.

Als Nahrungsmittelbasis dienten und dienen:

- im fernen Osten Reis,
- im mediterranen Raum Weizen und Gerste,
- in Amerika Mais, Amaranth und Quinoa,
- in den kargen Regionen Europas Dinkel, Roggen und Buchweizen,
- in vielen Gebieten der Erde, besonders in Nordeuropa, Hafer und
- in Afrika Hirse, Sorghum und früher Kamut.

Für den überwiegenden Teil der Menschheit bilden Körner und die daraus gewonnenen Mehle, Breie und Brote die Nahrungsgrundlage.

Die Cerealien sind die wichtigsten Kulturpflanzen der Menschheit. Rund 75 % der Anbaufläche werden für deren Anbau genützt.

Botanisches

Die meisten und wichtigsten Cerealien gehören zur Familie der echten Gräser – Gramineae – wie

Dinkel	-	Triticum spelta
Roggen	-	Secale cereale
Weizen	-	Triticum vulgare
Gerste	-	Hordeum distichum
Hafer	-	Avena sativa
Hirse	-	Panicum miliaceum
Mais	-	Zea Mays
Reis	-	Oryza sativa
Kamut	-	Urform des Weizens, Kornschatz der Pharaonen
Seitan	-	spezielles Weizenprodukt in China und Japan
Amaranth	-	Familie der Fuchsschwanzgewächse
Quinoa	-	Familie der Gänsefußgewächse
Buchweizen	-	Fagopyrum esculentum, Familie der Knöterichgewächse

All diesen Gewächsen ist gemeinsam, dass sie eine Vielzahl gehaltvoller Körner hervorbringen. Global gesehen werden heute Cerealien auf allen Erdteilen in verschiedensten Klimazonen angebaut. Aus wirtschaftlichen Gründen wird häufig Kunstdünger verwendet. Der Kunstdünger, der ja vorwiegend Stickstoff enthält, löst sehr viele Mineralsalze auf, so dass allmählich der Boden an Mineralstoffen und Spurenelementen verarmt.

Nach seiner botanischen Beschaffenheit wird Getreide eingeteilt in

Nackt-Getreide	und	**Spelzen-Getreide**
Weizen		Dinkel
Roggen		Hirse
Mais		Reis
		Hafer
		Gerste

Nackt-Getreide kann nach der Reinigung sogleich zu Schrot, Mehl, Grieß oder Flocken verarbeitet werden.

Spelzen-Getreide muss vor der Weiterverarbeitung entspelzt, d. h. von seiner äußeren mantelartigen Holzfaserhülle befreit werden.

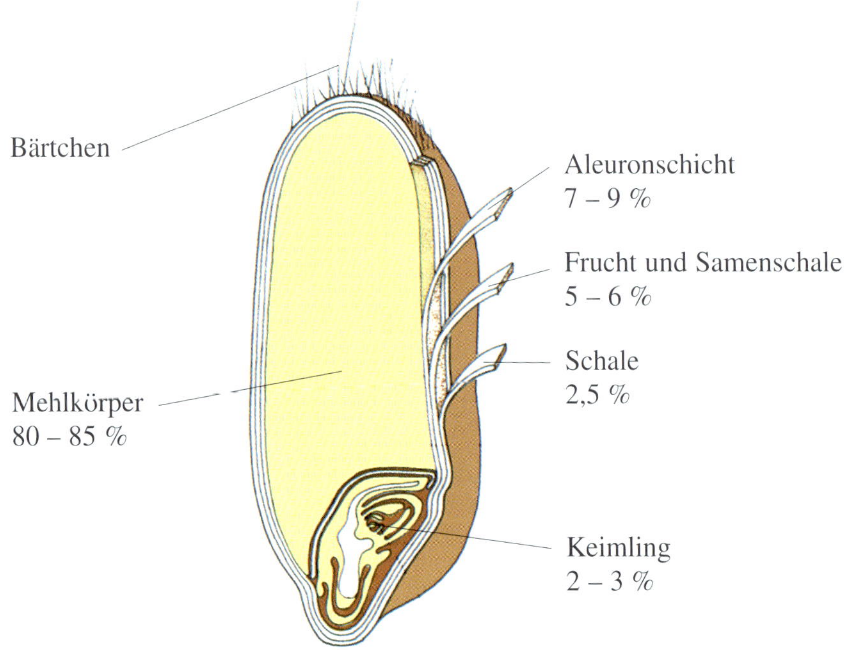

Querschnitt durch ein Weizenkorn (Prozentangaben sind Gewichtsanteile)

Vollwert aus dem ganzen Korn

Der Mehlkörper (Endosperm)
ist der Hauptbestandteil des Korns, er enthält 75 % Stärke (Kohlenhydrate) und 10 % Eiweiß.

Der Keimling
ist der Träger künftigen Lebens und der biologisch wichtigste Teil des Korns. Er ist reich an Vitamin E und den Vitaminen der B-Gruppe und deshalb für die Ernährung besonders wichtig.

Die Aleuronschicht
umschließt den Mehlkörper. Sie hat einen hohen Anteil an Eiweiß und dem für die Backeigenschaften des Mehls besonders wichtigen Kleber. Ferner enthält sie Lezithin und Enzyme.

Die Fruchtschale
besteht aus mehreren Schichten. Sie ist nährstoffarm, aber zellulosereich. Zusammen mit dem Keim wird sie beim Mahlen als Kleie abgetrennt. Handelsübliche Kleie enthält etwa 50 % Rohfaser, 7 % Mineralstoffe, viele Spurenelemente und die wertvollen Bestandteile des Keims.

Der hohe Rohfasergehalt der Fruchtschale ist besonders wichtig, denn er besteht aus unverdaulichen Bestandteilen wie Zellulose, Hemizellulose, aus Polysacchariden wie Pentosane, Lignine, Pektine u. a.

Wegen dieser Zusammensetzung hat die Rohfaser eine sättigende Wirkung. Sie fördert die Verdauung und kann bis zur fünffachen Menge ihres eigenen Gewichts Wasser binden.

Im Verdauungstrakt erfolgt dadurch eine größere Füllung und eine schnellere Passage des Darminhalts, die Gallensekretion und die Peristaltik werden angeregt.

Das Getreidekorn besitzt eine natürliche Schutzhülle, die Spelzen, die das Korn vor Verunreinigungen und schädlichen Umwelteinflüssen in idealer Weise schützen. Die Spelzen werden beim Dreschen entfernt.

Mit Getreideprodukten fit fürs Leben

Fit ist in

Die Menschen unserer Zeit brauchen zum Leben und besonders zum Überleben Fitness.

Die Ziele der Fitness umfassen alle für den Menschen wünschenswerten Eigenschaften wie Kraft, Ausdauer, altersgemäßen Trainingszustand, Beweglichkeit und Harmonie von Körper und Seele.
Die wichtigsten Voraussetzungen für das Fitsein sind ein disziplinierter Lebensstil und lebenslanges Gesundheitstraining.

Zum disziplinierten Lebensstil gehört eine vernünftige Ernährung, die als wichtigen Bestandteil Getreideprodukte, besonders aus dem vollen Korn, enthält.

Fit durch Essen

Das Essen ist ein Grundanliegen des Menschen; einerseits essen wir gerne, weil es uns schmeckt, andererseits essen wir, um Kraft, Energie und Lebensfähigkeit zu erhalten.

Um dem Organismus zu ermöglichen, den Status der Gesundheit zu erhalten oder Krankheiten zu überwinden, sind intakte Grundfunktionen wichtigste Voraussetzungen.

Dazu zählen

- ein geordneter Stoffwechsel,
- ein funktionstüchtiger Kreislauf,
- eine freie Tiefenatmung und
- ein leistungsfähiges Immunsystem.

Wichtige Bausteine einer gesunden Ernährung sind Getreideprodukte.

Ohne Getreide keine Fitness!

Getreide hat ein ideales Nährstoffprofil:

Ca. 60 % Kohlenhydrate
10 % Eiweiß
5 % Fett
10 % Ballaststoffe
15 % Wasser und
Mikronährstoffe wie Vitamine, Mineralstoffe und Spurenelemente.

Vollwert-Getreideprodukte haben einen hohen Gehalt an Vitaminen der B-Gruppe und sind selbst cholesterinfrei. Die löslichen Ballaststoffe Pektin und Lignin entfalten eine cholesterinsenkende Wirkung und die unlöslichen Ballaststoffe haben für die Krebsprävention große Bedeutung.

Getreide

- verbessert das Kohlenhydrat-Fett-Verhältnis,
- senkt den Cholesterinspiegel,
- liefert Energie und
- verbessert die Verdauung durch Ballaststoffzufuhr.

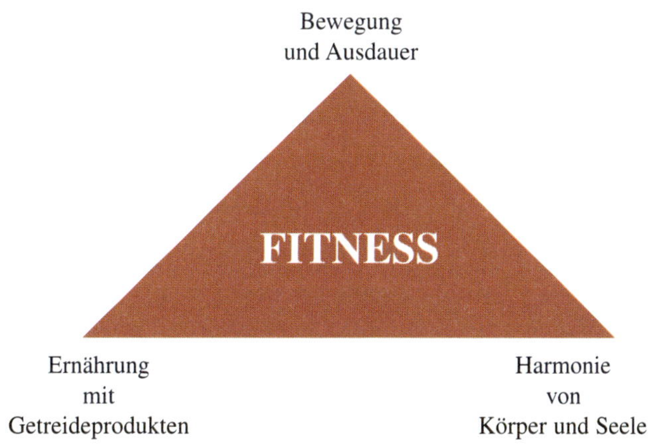

Inhaltsstoffe von Getreide

Kohlenhydrate

sind mit 50 bis 70 % die wichtigsten Inhaltsstoffe der einzelnen Getreidearten. Davon entfällt ein großer Teil auf Stärke. Sie ist in unbehandelter Form nur sehr schwer verdaulich und wird erst durch Quellen, Dörren, Kochen oder Backen den Verdauungsenzymen zugänglich gemacht. Die Verdauung der Kohlenhydrate beginnt unter dem Einfluss des Speichels schon im Mund und wird dann im Magen fortgesetzt. Im Dünndarm erfolgt der Abbau zu einfachen Zuckern. Die Kohlenhydrate sind wichtige Energiespender. Sie können im Organismus nur in geringem Maße gespeichert werden und zwar vorwiegend in der Leber und Muskulatur. Im Stoffwechsel bewirken die Kohlenhydrate durch den frei werdenden Traubenzucker einen Blutzuckeranstieg und regen die Bauchspeicheldrüse zur Insulinproduktion an. Der Blutzucker ist die einzige Energiequelle für das Gehirn und die Nervenzellen.

Eiweiß

Getreide spielt bei der Eiweißversorgung eine wichtige Rolle, da es zwischen 20 und 25 % des Tagesbedarfes decken kann. Der Anteil von Eiweiß an der gesamten Körpermasse beträgt bei einem Menschen 15 bis 20 %. Das Körpereiweiß ist größtenteils Bestandteil der Muskulatur und Baustoff der Zellen im Organismus. Ohne tägliche Zufuhr von Eiweiß mit der Nahrung wird das körpereigene Eiweiß der Muskulatur abgebaut und die Abwehrkraft sinkt. Eiweiß ist daher ein unentbehrlicher Bestandteil der Ernährung. Die Eiweißqualität hängt von der biologischen Wertigkeit ab. Diese ist vom Gehalt an essentiellen Aminosäuren abhängig. Die höchste biologische Wertigkeit hat das Ei-Eiweiß, gefolgt von Fleisch, Fisch, Käse, Milch. Pflanzliches Eiweiß kann durch geringe Beigabe von tierischem Eiweiß biologisch aufgewertet werden. Man isst z. B. Milch mit Getreide, Ei-Eiweiß mit Teigwaren oder verfeinert gebundene Suppen mit saurer Sahne.

Das mit der Nahrung aufgenommene Eiweiß wird im Magen und im Zwölffingerdarm gespalten und zu körpereigenem Eiweiß umgearbeitet. Eiweiß ist notwendig für Wachstum, Umbau und Ersatz von Körpersubstanz und für die Aufrechterhaltung unserer Abwehrkräfte.

Fett

Es kommt im Getreide nur in geringen Mengen vor. Vom Gesamtgewicht macht es 1 bis 2 % aus und sitzt vorwiegend im Keimling. Es besteht hauptsächlich aus hoch ungesättigten Fettsäuren und dem Fettbegleitstoff Lezithin.

Das mit der Nahrung aufgenommene Fett wird im Magen nur angedaut und im Dünndarm abgebaut. Die essentiellen Fettsäuren haben für die Energieversorgung eine große Bedeutung.

Vitamine

Sie sind für den Organismus wichtige Reglerstoffe, an fast allen Stoffwechselvorgängen beteiligt und unentbehrlich als Schutzstoffe. Vitamine bauen im Organismus freie Radikale ab und sind daher unbedingt notwendig für die Gesundheit.

In den Getreideprodukten sind vorwiegend Vitamine der B-Gruppe, die eine wichtige Rolle beim Kohlenhydratstoffwechsel spielen.

Mineralstoffe

Sie gliedern sich in Mengenelemente, wie Kalzium, Phosphor, Kalium, Magnesium, Natrium und Chlor, und Spurenelemente wie Eisen, Mangan, Kobalt, Selen, Fluor usw. Mengenelemente sind vorwiegend Baustoffe, die zur Aufrechterhaltung der Lebensvorgänge notwendig sind.

Sie halten den Säurewerte der Körperflüssigkeiten konstant und sind wichtige Baustoffe der Knochen und Zähne. Besonders Kalzium und Phosphor sind wichtig für Knochen und Zähne,

Natrium und Chlor sind wichtig für den Wasserhaushalt, Magnesium ist wichtig für Muskulatur, Nerven und Herz; Eisen ist notwendig für die Bildung des Farbstoffes der roten Blutkörperchen, Selen stärkt das Immunsystem und Fluor ist wichtig für den Knochenstoffwechsel.

Die Mengenelemente sitzen vorwiegend im äußeren Bereich des Korns. Durch eine Ernährung mit Getreidevollkornprodukten ist die Zufuhr dieser wichtigen Mikronährstoffe sichergestellt.

Ballaststoffe

Sie sind fast unverdauliche Produkte, die jedoch für den Stoffwechsel unentbehrlich sind. Chemisch bestehen die Ballaststoffe aus Lignin und hoch molekularen Kohlenhydraten wie Zellulose.

Die Zellulose wird in geringen Mengen durch Darmbakterien abgebaut. Ballaststoffe vergrößern die Stuhlmenge, dadurch werden die Darmpassagezeiten bedeutend geringer und einer Verstopfung wird vorgebeugt.

Unlösliche Ballaststoffe binden im Darm Wasser, quellen dadurch auf und vergrößern die Füllung des Darms. Man sollte daher Ballaststoffe von Getreide, Obst und Gemüse immer mit reichlich Flüssigkeit zu sich nehmen. Anzustreben ist ein Ballaststoffanteil von 30 g in der täglichen Ernährung. Ballaststoffe senken die Energiedichte der Nahrung, vermindern daher die Gefahr von Übergewicht, entziehen dem Körper Cholesterin und wirken vorbeugend gegen Krebs.

Getreide liefert dem Organismus

- gut verfügbare Energie,
- lebenswichtige Vitamine,
- notwendige Mineralstoffe und Spurenelemente,
- wertvolles pflanzliches Eiweiß,
- hoch ungesättigte Fettsäuren und
- wichtige Ballaststoffe.

Getreide – Grundlage der Vollwert-Ernährung

Für den größten Teil der Menschheit bilden Getreide und Getreideerzeugnisse seit Jahrtausenden die Grundlage der Ernährung. Im Zuge der Industrialisierung und notwendigen Haltbarmachung wurden Getreideprodukte – besonders Mehle – immer mehr verfeinert und dadurch stark wertvermindert. Erst in der heutigen Zeit erkennt man, dass Vollkorngetreide und seine Erzeugnisse Kraft, Ausdauer und Gesundheit gewährleisten.

Vollwert-Ernährung – was versteht man darunter?

Die Vollwertkost strebt die tägliche Ernährung mit Lebensmitteln in ihrem höchstmöglichen Wertzustand an, damit eine optimale Versorgung des Organismus mit allen erforderlichen Wirkstoffen gewährleistet ist. Bei der Vollwertkost stehen naturbelassene, vorwiegend pflanzliche Lebensmittel im Vordergrund:

- Getreide und Getreideerzeugnisse
- Gemüse, Hülsenfrüchte und ihre Produkte
- Obst, Beeren, Wildfrüchte, Nüsse und Kerne
- Hefe und Hefeerzeugnisse
- Milch und Milchprodukte
- Kartoffeln und Pilze
- Pflanzenöle und Pflanzenfette
- Bienenprodukte
- Gewürze und Kräuter
- Fische und Meeresfrüchte

So setzt sich die Vollwertkost zusammen:

35 – 45 %	Gemüse, Obst, Beeren, Pilze
15 – 20 %	Getreidevollkornprodukte, Kerne, Nüsse
10 – 15 %	Milch und Milchprodukte, besonders Sauermilch
5 – 15 %	Kartoffeln, Hülsenfrüchte, Soja, Hefe
10 – 15 %	Fische, Meerestiere, Fleisch, Bienenerzeugnisse, Pflanzenfette

außerdem Gewürze und Kräuter

Was heißt naturbelassen?

Naturbelassen ist die wichtigste Voraussetzung der Vollwertkost.

Sie bedeutet für Lebensmittel hinsichtlich

- der Qualität – so frisch wie möglich;
- der Herkunft – weitgehend frei von Schadstoffrückständen aus der landwirtschaftlichen Produktion und der Umwelt;
- der Verarbeitung – so wenig und wertschonend wie möglich und so kurz wie möglich erhitzt;
- des Geschmacks – mit Gewürzen und Kräutern abwechslungsreich zusammengestellt, so dass die natürlichen Aromastoffe voll zur Geltung kommen.

Für die Vollwertkost verwendet man Getreide aus biologisch kontrolliertem Anbau (Demetergetreide).

Einstieg in die Vollwertkost

Die Vollwertkost ist eine ballaststoffreiche Kost, die eine völlige Umstellung des Verdauungsprozesses fordert.

Die Vollwertkost stellt größere Ansprüche an die Mitarbeit beim Kauen, bei der Sekretion von Verdauungssäften, beim Transport des Speisebreies durch Darmbewegungen sowie an die Darmbakterien.

Geringfügige Gärgase sind Teil des normalen Bakterienstoffwechsels im Darm.
Bei überhöhter Bildung von Gärgasen entstehen Blähungen durch die Vollwertkost, die bei magen- und darmempfindlichen Menschen ein leichtes Unwohlsein hervorrufen können.

Hat sich jedoch der Organismus an die ballaststoffreiche Kost gewöhnt, verlieren sich die Beschwerden von selbst – in der Jugend schneller als im Alter.

Es gilt daher die Regel:
Schritt für Schritt zur Vollwertkost – anfangs nur ein Gericht täglich.

Die Getreideküche

Getreide, d. h. jeweils das ganze Korn, ist für Umsteiger von der herkömmlichen Kost ein neues Lebensmittel.
Für die gesamte Vollwertkost und das Getreide sollen folgende Regeln beachtet werden:

- Nur hochwertige Produkte in Fachgeschäften einkaufen.
- Ausreichende Lagermöglichkeiten schaffen.
- Auf richtige Verarbeitung und wertschonende Zubereitung achten.

Alle Vollwertprodukte sollen trocken, kühl und luftig aufbewahrt werden.

Getreideprodukte wie Mehl, Grieß, Grütze und Flocken sind durch die Auflösung der Schutzfunktion der Samenhülsen nicht sehr lange lagerfähig. Oxidationsprozesse führen mehr oder weniger schnell zur Zerstörung der Nährstoffe und zur Geschmacksbeeinträchtigung.

Vollkornschrot kann man ohne nennenswerte Beeinträchtigung der Qualität bis zu drei Wochen lagern. Alle Getreidearten und -produkte soll man gut verschlossen aufbewahren.
Die Lagerung von Getreide soll sehr sorgfältig vorgenommen werden.

Man soll nur Getreide von namhaften Müllereibetrieben, die ausgewählte, naturbelassene, gekennzeichnete Sorten aus dem biologischen Landbau vertreiben, kaufen.

Die Güte des erworbenen Getreides lässt sich an dessen Keimfähigkeit erkennen. Nach drei Tagen sollen mindestens 80 % der Körner keimen.

Die Qualität von Getreide und Getreideprodukten ständig kontrollieren!

Kochzeiten von vorgeweichtem Getreide

Grünkern: 40 Minuten

Dinkel: 1 Stunde

Kochzeiten von nicht eingeweichtem Getreide

Amaranthkörner:
30 Minuten und 10 Minuten nachquellen

Amaranthschrot: 5 Minuten

Quinoakörner: 15 Minuten

Dinkel:
1 Stunde und 30 Minuten nachquellen

Kochzeiten im Dampfdruckkochtopf

200 g Dinkel mit 300 ml Wasser auf Garstufe 1: 8 Minuten

200 g Grünkern mit 300 ml Wasser auf Garstufe 1: 8 Minuten

Amaranth

Küchengeräte für die Vollkornküche

Um die Zubereitung von Getreidespeisen zu erleichtern, sollte man folgende Geräte besitzen:

- Getreidemühle
- Keimschale und Keimapparat
- Zerkleinerungsgerät für gekochtes Getreide
- Dampfdruckkochtopf

Getreidemühlen

Bei den Getreidemühlen unterscheidet man

- Handgetreidemühlen,
- elektrische Getreidemühlen und
- Getreidemühlen als Zusatzgeräte.

Handmühlen

sind relativ preisgünstig und mit Mahlsteinen und Stahlmahlwerken versehen. Eine Tischbefestigung erleichtert das Mahlen.

Die Mahlleistung beträgt

bei Feineinstellung	30 bis 50 g
bei Grobeinstellung	60 bis 80 g
	pro Minute

Elektrische Getreidemühlen

sind stufenlos einstellbar, für feinstes, lockeres Mehl bis zum grobkörnigen Schrot. Sie sind einfach zu bedienen und erbringen, je nach Modell, eine Mahlleistung von 150 bis 200 g pro Minute. Die höhere Investition gegenüber einer Handgetreidemühle lohnt sich, wenn man ständig größere Mengen zubereiten will.

Die einzelnen Modelle unterscheiden sich durch verschiedene Mahlsysteme, Mahlsteine, Mahlleistungen und äußere Ausführungen.

Weizen, Roggen, Grünkern, Nackthafer, Hirse, Gerste, Naturreis und Buchweizen können in jeder Getreidemühle gemahlen werden. Für das Mahlen von Mais und Samenfrüchten benötigt man spezielle Mühlen.

Mahlsysteme

Man unterscheidet Systeme mit

- Stahlmesser,
- Stahlwalzen,
- Stahlscheiben,
- Stahlkegel,
- Keramikkegel und
- Steinmaterial.

Stahl

Für Stahlmahlwerke werden in erster Linie zwei Materialien eingesetzt: bei den Scheibenmahlwerken Guss-Stahl und bei Kegelmahlwerken gehärteter Edelstahl. Man muss davon ausgehen, dass bei den Guss-Stahlwerken der Abrieb etwas größer ist als bei den gehärteten Stahlmahlwerken. Die gehärteten Edelstahl-Kegelmahlwerke haben sich stärker durchgesetzt als die Scheibenmahlwerke aus Guss-Stahl.

Keramik

Das auf Grundlage von Aluminiumoxid hergestellte Keramik-Sintermaterial hat eine sehr hohe Festigkeit sowohl gegen Druck als auch gegen Abrieb und etwa die gleichen Mahleigenschaften wie Kegel-Stahlmahlwerke. Sie sind aber empfindlich gegen mögliche harte Fremdbestandteile im Getreide.

Stein

Hier haben sich im Laufe der Zeit zwei große Materialbereiche herauskristallisiert: der im Steinbruch gewonnene Naturstein und der aus Natursteingranulat mit einem mineralischen Bindemittel hergestellte Mahlstein.

Als Natursteine verwendet man

- Granitgesteine,
- Basaltgesteine,
- Korund und
- Naxos-Schmirgel.

Künstlich hergestellte Steine sind Kombinationen von Natursteinen mit Bindemitteln oder Sintersteine wie Korund mit Keramikmasse.

Getreide selber mahlen!

Immer mehr ist heute eine natürliche und gesunde Lebensweise gefragt und sie beginnt mit der bewussten Ernährung. Hierzu leistet die Fa. Osttiroler Getreidemühlen mit ihren traditionellen Haushaltsgetreidemühlen seit 50 Jahren einen entscheidenden Beitrag. Feinstes Zirbelkiefernholz, einmalig verarbeitet, und das durchdachte Mahlwerk bilden die Basis für die unvergleichlichen Kleinode der Küchenausstattung.

Die Osttiroler Haushaltsgetreidemühlen eignen sich für alle trockenen Getreidesorten und mahlen je nach Mahlwerkeinstellung ein lockeres feines Mehl bzw. Schrot.

Das attraktive Zubehör wie Grieß- und Mehlsiebe, Holzschüsseln und die typischen »Getreidefassln« runden das Angebotsprogramm ab.

Erhältlich im Fachhandel.

Temperatur des Mahlgutes

»Reibung erzeugt Wärme« ist ein bekanntes Naturgesetz.

Dies trifft auch beim Mahlen von Getreide zu.

Die Erwärmung ist umso größer, je mehr Energie pro Zentimeter und Mahlfläche für die Vermahlung aufgewandt wird, das bedeutet, dass die Ausgangstemperatur des fertigen Mehles steigt:

- je größer die Leistung des Gerätes in Gramm pro Minute ist,
- je größer die Drehzahl der Mahlsteine ist,
- je feiner das Mahlgut gemahlen wird,
- je höher der Mahldruck ist,
- je länger der Mahlvorgang dauert.

Mahlleistung

Die Mahlleistung einer Mühle, die üblicherweise in Gramm pro Minute angegeben wird, hängt in erster Linie von folgenden Faktoren ab:

- Größe der Mahlsteine,
- Drehzahl der Mahlsteine,
- Anschlusswert des antreibenden Motors,
- eingestellter Feinheitsgrad,
- zu vermahlendes Mahlgut,
- Feuchtigkeitsgehalt des Mahlgutes (Konditionierung.)

Ein wesentlicher Faktor für die Mahleigenschaften eines Mahlganges ist die pro Zeiteinheit und pro Flächeneinheit des Mahlsteines umgesetzte Zerkleinerungsenergie.

Hinweise für den Einkauf

Einfache Handhabung ist oberstes Gesetz für jedes Küchengerät. Das gilt auch für die Haushaltsgetreidemühle:

- Sie sollte leicht und sicher zu bedienen sein.
- Das Mehl sollte ohne große Staubentwicklung aufgefangen werden können, entweder in einer Schale oder einem anderen Auffangbehälter.
- Die Feineinstellung sollte reproduzierbar (wiederholbar) und leicht erkennbar vorgenommen werden können.
- Die Mühle und auch das Mahlwerk sollten im Bedarfsfall leicht zu reinigen sein.
- Das Gerät sollte auch während des Mahlens ab- und eingeschaltet werden können.
- Das Gerät sollte standfest sein.

Getreidemühlen als Zusatzgeräte

Werden von fast allen führenden Küchenmaschinenherstellern angeboten. Mit Getreidemühlen als Zusatzgeräte hat man die Möglichkeit, Getreide grob und fein zu schroten oder fein zu mahlen. Je nach Modell kann man mit solchen Zusatzgeräten den Bedarf an frisch gemahlenem Getreide decken.

Keimschale und Keimapparat

Gesundes Getreide keimt, wenn es mit Feuchtigkeit und Wärme in Berührung kommt.

Am einfachsten kann man Getreide in einem tiefen Teller zum Keimen bringen. Man muss dafür sorgen, dass die Körner im

Wasser liegen, mit einem Tuch abgedeckt und bei warmer Temperatur aufbewahrt werden.

Keimapparate bestehen aus Keimschalen, Auffangschale und Deckel. Bei den Apparaten liegt das Getreide feucht, aber niemals nass. Durch das Selbstkeimen schafft man eine gute Möglichkeit, wertvolle und leicht verdauliche Getreidenahrung in roher Form essen zu können.

Dampfdruckkochtopf

Das Prinzip des Dampfdruckkochtopfes beruht auf leichtem Überdruck. Der entstehende Dampf wird dadurch heißer als 100 °C. Auf dem Deckel befindet sich ein Ventil mit Druckanzeiger, der genau angibt, wann die Kochzeit beginnt. Der Dampfdruckkochtopf eignet sich zur Bereitung von Getreide- und Kartoffelgerichten. Gerade beim Kochen von ganzen Körnern bietet der Dampfdruckkochtopf viele Vorteile.

Zerkleinerungsgerät

Viele Getreidegerichte gelingen besser, wenn das Getreide im Ganzen gekocht und erst dann zerkleinert wird. Auf dem Markt gibt es dafür geeignete Geräte. Durch den Zerkleinerungsprozess bleibt das Getreide locker und lässt sich gut weiterverarbeiten.

Zubereitung von Getreide

Um Getreide verzehrfähig und verdaulich zu machen, muss es zubereitet werden. Befindet sich im Haushalt eine Getreidemühle, ist es empfehlenswert, ganze Körner zu kaufen und diese kurz vor der Zubereitung zu schroten oder zu mahlen.

Um das Getreidekorn für die Verdauung vorzubereiten, muss es mindestens einige Stunden quellen.
Getreideschrot wird dazu mit Wasser bedeckt (niemals Milch verwenden) und ca. 12 Stunden im Kühlschrank aufbewahrt.
Von dem aufgeschlossenen Getreide kann man dann kleine Mengen ins Müsli oder in Salate geben.

Getreidekörner müssen aufgeschlossen und sorgfältig zubereitet werden. Roh genossen sind sie unverdaulich.

Darren von Getreide

Man gibt die Getreidekörnen (evtl. auch Schrot und Flocken) auf ein ungefettetes Backblech und schiebt es bei 70 °C bei leicht geöffneter Backofentür ca. 30 Minuten in den Backofen.
Das Getreide färbt sich dabei gelblich, bekommt einen sehr aromatischen nussartigen Geschmack (es darf jedoch keinen Röstgeschmack aufweisen) und wird leichter bekömmlich.

Durch das beim Darren entstandene Dextrin wird es außerdem länger haltbar (dies ist bei Schrot von Bedeutung).

Viele Gerichte werden durch vorhergehendes Darren der Getreidekörner schmackhafter und hochwertiger in ihrer Beschaffenheit.

Dinkel

Botanisches

Familie: Poaceae – Süßgräser
Stammpflanze: Triticum spelta

Das Wort »Spelt« kommt aus dem Germanischen und bedeutet so viel wie spalten. Daraus ist das lateinische Wort »spelta« entstanden. Dinkel wird auch noch in manchen Gegenden Europas als Spelz, Kora, Schwabenkorn, Vesan und Dreikorn bezeichnet. Der Dinkel ist ein Urkorn, das zu den ältesten Getreidearten der Menschheit gehört. Die Dinkelpflanze wird etwas höher als Weizen; sie bildet etwas dünnere Ähren und schmälere, längere rötliche Körner. Das Korn ist von einer dicken Spelzhülle umgeben, die sich beim Dreschen nicht löst.

Es bedarf dazu eines besonderen Schälvorgangs »Gerben« genannt, um die Hülsen abzutrennen. Eine solche Gerbanlage befand sich früher auf jedem Bauernhof. Heute wird die Enthülsung in speziellen Mühlen vorgenommen.

Dinkel gehört zu den sechszeiligen (hexaploiden) Getreidearten und ist mit Nackt- und Machaweizen verwandt. Alle diese Getreidearten können untereinander gekreuzt werden und bringen fruchtbare Nachkommen hervor.

Dinkel ist der wertvollste Vertreter der Spelzfamilie mit einem Chromosomensatz von n = 3 x 14 gleich 42 Chromosomen im Vergleich zu Emmer (Zweikorn) mit 28 Chromosomen und dem Kelten-Spelt (Einkorn) mit 14 Chromosomen.

Dinkel wird im gesamten süddeutschen Raum, aber auch in Österreich und in der Schweiz angebaut. Dinkel gedeiht auf fast allen Böden, bevorzugt aber kalkreiche Erde. Er ist robust und kann von Oktober bis Dezember gesät werden.

Da der Dinkel auch in der Fruchtfolge sehr anspruchslos an den Boden ist, kann er gut nach anderen Getreidearten, besonders nach Weizen oder Hafer, angebaut werden. Er besitzt die Fähigkeit, Kernnährstoffe, Mineralstoffe und Spurenelemente auch aus steinigem Erdreich aufzunehmen und aufzuschließen.

Er eignet sich auch bestens für den Gemengeanbau mit Roggen. Es werden dabei sehr hohe Erträge erzielt! Dinkel benötigt keinen Kunstdünger. Bei Intensivierung wird das Korn spelzig.

Das Getreide wird von keinen Pilzkrankheiten befallen, ist unempfindlich gegen zu viel Nässe, aber auch andererseits gegen extreme Trockenheit in Dürrezeiten. Zur Aussaat verwendet man Dinkel im Spelz, der das Getreide gegen Vogelfraß und andere Schädlinge schützt.

Hat man Gelegenheit, ein Dinkelfeld zu sehen, so entstehen beim naturverbundenen Betrachter besondere Gefühle. Die hochwüchsigen Halme bewegen sich in gleichmäßigem Rhythmus wie ein großes Wellenmeer.

Historisches

Der Anbau von Dinkel geht mehrere Jahrtausende zurück. Bei Ausgrabungen am Südrand des Kaukasus hat man Reste von Dinkel gefunden, die fast 7.000 Jahre alt sind. Heute weiß man, dass die Dinkelkörner zu den wichtigsten Vorräten der Menschen gehörten. In mehreren Funden hat man Spezialabdrücke im gebrannten Lehm entdeckt. Anbaugebiete ca. 3.000 v. Chr. waren Palästina, Syrien, Iran und Äthiopien.

Die ältesten bekannten Dinkelvorkommen in Europa stammen aus der Zeit um 2.000 v. Chr. Später zogen sich die Anbaugebiete durch ganz Europa von den Karpaten bis zu den Vogesen, von Schweden bis zum Coma-See. In Pfahlbaugebieten in der Schweiz und am Bodensee wurden Dinkelüberreste gefunden. Später wurde es das Hauptgetreide der Alemannen.

Ortsnamen, wie »Dinkelhausen« zeugen noch von der Bedeutung des Getreides in früheren Zeiten. Im Moselland wurde während des ganzen Mittelalters Dinkel angebaut.

Dort hat auch die Äbtissin Hildegard von Bingen den Dinkel kennen gelernt. Sie heilte viele kranke Menschen mit dieser Getreidefrucht und schrieb auch ein Buch über den Dinkel, dessen Inhalt man erst heute in der vollen Tragweite erkennt. Hildegard von Bingen schreibt: »Der Dinkel ist das beste Getreide, es ist warm, nährend und kräftig; und es ist milder als die anderen Getreidearten. Er bereitet dem, der ihn isst, rechtes Fleisch und rechtes Blut, er macht frohen Sinn und Freude im Gemüt. Wie auch immer die Menschen ihn essen, sei es als Brot, sei es in anderen Speisen, er ist gut und mild und wenn einer so krank ist, dass er vor Krankheit nicht essen kann, dann nimm die ganzen Körner des Dinkels und koche sie in Wasser, unter Beigabe von Fett und Eidotter, so dass man ihn wegen des besseren Geschmacks gern essen kann. Gib das dem Kranken zu essen und es heilt ihn innerlich wie eine gute und gesunde Salbe.«

Der Dinkel war besonders in der Schweiz das wichtigste Getreide. Erst mit einer Veränderung des Klimas, d. h. lange Winter, kalte und nasse Sommer, musste man, damit der Dinkel nicht auf den Feldern verfaulte, die unreifen Ähren ernten und über Holzkohlenfeuer trocknen, bis man das Getreide dreschen und lagern konnte. Man nennt den in der Milchreife geernteten und gedarrten Dinkel Grünkern.

Aus 100 Kilogramm Dinkel kann man etwa 73 Kilogramm Grünkern gewinnen. Die ersten schriftlichen Aufzeichnungen von Grünkern stammen aus der Mitte des 17. Jahrhunderts. Wegen des geringen Ertrages wurde der Dinkel immer mehr vom Weizen verdrängt.

Erst in den letzten Jahrzehnten hat der Dinkel wieder eine Renaissance durch Biobauern erlebt. Sie stellten Qualität vor Quantität und nahmen trotz kleinerer Erträge und eines größeren Arbeitsaufwandes die Mühe auf sich, dieses hochwertige Getreide den Menschen wieder anzubieten.

Wertvolle Inhaltsstoffe, ausgezeichnete Backeigenschaften und ein nussartiger Geschmack zeichnen dieses wertvolle Urgetreide aus.

Besondere Wirkstoffe

In 100 Gramm Körner sind enthalten:

Energie 1.340 kJ/320 kcal

Kohlenhydrate	62,4 g
Ballaststoffe	8,8 g
Fett	2,7 g
Eiweiß	11,6 g
Vitamin E	0,3 mg
Vitamin B1	0,3 mg
Vitamin B2	0,1 mg
Niacin	1,5 mg
Pantothensäure	1,7 mg
Vitamin B6	0,3 mg
Kalzium	22 mg
Eisen	4,2 mg
Kalium	447 mg
Magnesium	130 mg
Phosphor	411 mg
Fluorid	0,06 mg

In Prozenten

58 – 63 %	Kohlenhydrate
11 – 17 %	Proteine
12 %	Wasser
1,7 – 2 %	Mineralstoffe, Spurenelemente und Vitamine wie B1, B2, Niacin und Pantothensäure
8 – 9 %	Ballaststoffe

Dinkel, der Favorit der Hildegard-Medizin, hat einen hohen Eiweißanteil und ist reich an Vitaminen und Mineralstoffen.

Der hohe stabile Klebergehalt ist dehnbar, ein sicheres Zeichen von Qualität und verleiht dadurch dem Dinkel hervorragende Backeigenschaften.

Besonders hervorzuheben ist der Gehalt an Magnesium. Er wird daher auch häufig als Magnesiumweizen bezeichnet.

Vorzüge

Das Dinkelkorn enthält viele wasserlösliche Wirkstoffe, die die menschlichen Verdauungsorgane schonen und dem gesamten Organismus zur Verfügung stehen.
Besonders wichtig ist der Dinkel für den Darm.

Mit Hilfe einer Dinkelbrühe kann man eine gestörte Darmflora wieder aufbauen. Bei Durchfall kann man mit Dinkelsuppen Störungen beseitigen.

Bei Verstopfung helfen Dinkelgerichte aus Grütze oder Flocken, eventuell angereichert mit Dinkelkleie.

Weiters ist Dinkel ein wertvoller Vitaminspender. Besonders wirksam für die Stärkung der Nerven und des Gehirns sind die Vitamine der B-Gruppe, Niacin und Pantothensäure.
Diese Vitamine erhellen das Gemüt und werden mit Erfolg bei Verstimmungen und Altersdepressionen eingesetzt. Menschen, die an Weizenallergie leiden, sprechen gut auf Dinkelgerichte an.

Verwendung

Dinkelkörner
werden in der doppelten Menge Wasser wie Reis gekocht. Man verwendet sie für Suppen, Aufläufe und Salate.

Dinkelschrot
ist ausgemahlenes Dinkelkorn mit mehligen Anteilen. Er besitzt eine kürzere Kochzeit als ganze Körner.

Thermo-Dinkelschrot
wird aufgekocht und man lässt ihn ca. 12 Minuten nachquellen. Man verwendet Schrot und Grütze für Suppen, Müsli, Aufläufe, Salate, Gebäck und Nachspeisen.

Dinkelgrieß
wird feiner gemahlen als Schrot und ist von Schale und Mehlstaub befreit. Grieß verwendet man besonders für Teigwaren, Aufläufe und Nachspeisen.

Dinkelmehle
verwendet man für Nockerln (Klößchen), Spätzle, Nudeln und andere Teigwaren.

Dinkel-Vollkornmehl
ist ein voll ausgemahlenes Mehl mit allen Faseranteilen und dem Keim. Das Mehl sollte immer frisch gemahlen und rasch verwertet werden, damit die wertvollen Inhaltsstoffe erhalten bleiben.

Dinkel-Halbweißmehl
enthält noch die Eiweißschicht und den Mehlkern.

Dinkel-Weißmehle
enthalten noch Eiweiß und Mineralstoffe. Wichtig sind die Typen 603 und 405. Je kleiner die Zahl ist, umso mehr Faserstoffe sind vom Dinkelkorn abgetrennt.

Dinkel-Mikromehl
ist ein ultrafein ausgemahlenes Dinkelmehl mit einer kurzen Kochzeit von nur zwei Minuten. Besonders empfehlenswert für die Säuglingsernährung.

Dinkel-Kaffee
besteht aus gerösteten Dinkelkörnern. Die braunen Körner geben den Geschmack und die schwarzen liefern die Farbe. Man kocht zwei bis drei Esslöffel Dinkelkörner mit 1/4 Liter Wasser fünf Minuten auf und gießt ab. Die bereits gekochten Dinkelkörner kann man mit Zusatz von frischen Körnern noch einmal verwenden.

Dinkel-Habermus
besteht aus geknackten Dinkelkörnern. Das Mus essen Hildegard-Freunde besonders oft.

Dinkel-Grassaft
ist reich an Wirkstoffen und kann zur Nahrungsergänzung herangezogen werden. Der Saft hat eine gute Wirkung auf den Darm und schmeckt sehr angenehm. Eine Dinkel-Grassaft-Diät ist vor allem im Frühjahr zu empfehlen.
Verwendet man zur Herstellung Rotkorndinkel, so erhält man ein Produkt mit hohem Selengehalt.

Grünkern

Botanisches

Familie: Poaceae – Süßgräser
Stammpflanze: Triticum spelta

Grünkern wird aus Dinkel gewonnen. Für den schmackhaften Grünkern wird der Dinkel geerntet, bevor die Körner ausgereift sind. In der sogenannten »Milchreife« sind die Dinkelkörner noch grün und der innere Mehlkörper milchig weiß.

In Trocknungsanlagen werden die Ähren bei 120 °C gedörrt oder geröstet. Dies geschieht in voll mechanisierten Anlagen. Durch den Dörrungsprozess (Darren) werden die rötlichen Körner olivgrün und aus den spröde gewordenen Spelzen gelöst. Aus Dinkelkorn wird Grünkern.

Durch das Rösten bekommt der Grünkern ein würziges, rauchiges und nussiges Aroma.

Historisches

Der erste kultivierte Dinkel stammt aus der Zeit um 2.000 v. Chr. Grünkern, den gedarrten Dinkel, haben die Menschen erst im 14. Jahrhundert entdeckt. Die erste schriftliche Nachricht stammt aus der Mitte des 18. Jahrhunderts. Damals trat eine Verschlechterung des Klimas ein, die Winter waren lang, die Sommer kalt und nass. Damit der Dinkel nicht auf den Feldern verfaulte, schnitten die Bauern die Ähren, sobald die Körner ausgebildet, doch innen noch weich waren, und trockneten sie so lange über einem Holzkohlenfeuer, bis man das Getreide dreschen und lagern konnte. Bald erkannte man die Vorteile des gedarrten Dinkels und heute, wo der Dinkel wieder eine Renaissance hat, wird der Großteil für die Herstellung von Grünkern verwendet.

Besondere Wirkstoffe

Die unreifen Körner enthalten noch keinen Kleber. Grünkern besitzt ca. 12 % hochwertiges Eiweiß, das sehr leicht verdaulich ist. Weiters besitzt der Grünkern einen hohen Anteil an Vitaminen der B-Gruppe und Vitamin E. Allerdings enthält Grünkern kein Klebereiweiß und ist daher nicht backfähig. 100 g Grünkern liefern 348 kcal.

Verwendung

Grünkern ist für viele Feinschmecker die aromatischste von allen Getreidesorten.

Der Geschmack ist besonders würzig und leicht rauchig. Grünkern ist sehr vielseitig einsetzbar.

Die ganzen Körner passen in Salate, als Einlage für Suppen und Eintöpfe. Schrot, Grieß oder Grütze nimmt man für Knödel (Klöße), Aufläufe, Laibchen (Frikadellen), Breie und Müslis.

Etwas Grünkernmehl in den Brotteig gegeben, erhöht den Wohlgeschmack. Im Nährstoffgehalt ist er etwa mit dem Weizen vergleichbar. Grünkernkörner brauchen ca. 50 Minuten, bis sie gar sind.

Man kann die Kochzeit auf 10 Minuten verkürzen, wenn man die Körner eine Nacht im kalten Wasser einweicht.

Handelssorten

- Grünkernkörner – müssen eine glänzende, dunkelolive Farbe haben
- Grünkerngrütze
- Grünkerngrieß
- Grünkernmehl

Grünkernprodukte müssen immer trocken und verschlossen aufbewahrt werden.

Amaranth

Botanisches

Familie: Amaranthaceae –
Fuchsschwanzgewächse
Stammpflanze: Amaranthus caudatus

Der Amaranth ist eine einjährige, breitblättrige Pflanze, die bis zu 3 Meter hoch werden kann. Die bis zu 90 cm langen Blütenstände, mit etwa 200 Blüten, bestehen aus vielen kleinen Blütenknoten, die wie Fuchsschwänze herabhängen.

Daraus entwickeln sich linsenförmige Samen von etwa 2 mm Durchmesser. Unter dem Elektronenmikroskop sieht man den großen Keimling, der das stärkehaltige Korn wie ein Ring umgibt. Je nach Pflanze sind die Samen milchig weiß, gelb, golden, rot, braun oder schwarz.

Heute wird Amaranth in Kolumbien, Ecuador, Peru, Bolivien, Chile und anderen Teilen der Welt, darunter auch in Deutschland und Österreich, angebaut.

Historisches

Amaranth gehört zu den ältesten Pflanzen, die von den Indianern zur Ernährung genutzt und zu diesen Zwecken schon seit frühester Zeit angebaut wurden. Die ältesten archäologischen Funde von Amaranth gehen auf das 4. vorchristliche Jahrtausend zurück und stammen aus Tehuacan Puebla in Mexiko.

Die Azteken bauten Amaranth als Grundnahrungsmittel wie Bohnen und Mais an. Sie nannten Amaranth »das heilige Getreide« und schrieben ihm, besonders für die Frauen, geheimnisvolle Kräfte zu. Aus 17 Provinzen erhielt der Azteken-Herrscher Montezuma alljährlich rund 20.000 Tonnen dieses Getreides als Abgabe.

Zu Ehren aztekischer Gottheiten wurden die gemahlenen Körner und der rote Farbstoff der Amaranthpflanze mit Honig vermischt, zu Tier- oder Götterfiguren geformt und gegessen.

Inkas und Azteken waren überzeugt: Amaranth konnte das Leben verlängern, viele Krankheiten heilen und den Frauen die nötige Kraft für die Kinder geben.

Nach der Entdeckung Amerikas im Jahr 1492 brachen die Spanier in das Land ein. Der spanische Eroberer Cortez erkannte die Lebensenergie von Amaranth und Quinoa und verbot den Anbau und den Handel mit diesen Pflanzen, weil er hoffte, damit den Indianern die Lebenskraft nehmen zu können.

Mit dem Ausrotten der Inkas und Azteken durch die europäischen Eroberer geriet Amaranth in Vergessenheit.

Heute finanzieren Unicef und FAO in Südamerika Amaranth-Forschungsprojekte. Außerdem hatte die NASA für einen siebentägigen Flug Amaranthprodukte zubereiten lassen, die die gesamte Besatzung testete. Die Produkte hatten nicht nur gut geschmeckt, sondern gaben auch den Astronauten Energie.

In England, Skandinavien und Deutschland wird diese nährstoffreiche Pflanze angebaut und es wird aktiv an der Produktentwicklung gearbeitet.

Besondere Wirkstoffe

Amaranth besitzt biologisch hochwertige Proteine, die kein Gluten enthalten. Daher ist Amaranth für die Diät von Menschen mit Getreideunverträglichkeit (Zöliakie) geeignet. Der Lysingehalt ist vergleichbar mit dem der Sojabohne.

Die Stärkemoleküle in Amaranthkörnern sind besonders klein und deshalb leicht verdaulich.
Die winzigen Stärkekörner sind imstande, reichlich Wasser aufzunehmen und wirken dadurch als Darmpflegemittel. Eisen, Kalzium und Magnesium sind in Amaranth um ein Vielfaches mehr enthalten als in anderen Getreidesorten. Amaranth enthält fünfmal mehr Kalzium als Weizen und doppelt so viel Magnesium.
Das Eisen aus den Körnern kann der Organismus durch den Vitamin-C-Gehalt verwerten.

Amaranth enthält wertvolle Phosphorlipide, sie sind die wichtigsten Lieferanten für Lezithin.

In 100 g ganzen Körnern sind durchschnittlich enthalten:

Energie 1.540 kJ/365 kcal

Kohlenhydrate	59 g
Ballaststoffe	12 g
Fett	9,8 g
Eiweiß	15 g
Vitamin B1	0,16 mg
Vitamin B2	0,27 mg
Niacin	1,15 mg
Vitamin C	3,6 mg
Kalzium	214 mg
Kalium	484 mg
Magnesium	308 mg
Phosphor	582 mg
Eisen	8,99 mg
Zink	3,66 mg

Vorzüge

Die Ballaststoffe leisten einen wichtigen Beitrag zur Verdauung und tragen zur Senkung des Cholesterinspiegels bei.

Der Anteil am Mineralstoff Kalzium ist besonders hoch, daher ist Amaranth für die Frau eine wertvolle Nahrungsergänzung zur Vorbeugung der gefürchteten Osteoporose.

Der Anteil an Magnesium ist wichtig für Herz und Nerven.
Das enthaltene Eisen stärkt das Immunsystem und bringt Lebensenergie in unsere Zellen.

Studien in Südamerika und Washington haben ergeben, dass der regelmäßige Konsum von Amaranth wichtige gesundheitliche Vorteile bringt:

- Chronische Müdigkeit kann abgebaut werden. Das ist vor allem darauf zurückzuführen, dass in Amaranth ein Vielfaches an Vitaminen, Mineralstoffen und Spurenelementen von dem nachzuweisen ist, was andere Getreidesorten aufweisen.
- Rissige, spröde Lippen, entzündete Mundwinkel können ausgeheilt werden.
- Gesichtsblässe verbessert sich.
- Es konnten deutliche Linderungen bei chronischen Kopfschmerzen und Migräne beobachtet werden.
- Nach mehrmonatigem Konsum von Amaranth konnten viele Menschen wieder besser schlafen.
- Die Verdauung normalisiert sich. Die Verstopfung kann behoben werden.
- Es kommt zu einer deutlichen Verbesserung der Konzentration und der geistigen Aktivität.
- Magenschleimhautentzündung, Magenübersäuerung wurden positiv beeinflusst.
- Erschöpfungszustände konnten behoben werden.
- Sehr gestresste Frauen kamen wieder zu körperlichen und geistigen Kräften.
- Die Atemwege werden durch die Inhaltsstoffe von Amaranth gestärkt.
- Und in einer speziellen Studie an 200 Frauen wies Prof. Dr. Luis Sumar Kalinowsky nach: Das Wunderkorn der Inkas kann den Alterungsprozess

verzögern, was bedeutet, dass Frauen, die sich mit diesem Korn ernähren, länger jung bleiben.

- Bei Frauen und Kindern wurde außerdem nachgewiesen, dass die hochwertigen Substanzen des Indianer-Getreides eine nervenstärkende Wirkung haben.

Verwendung

Amaranth ist auf Grund der guten Stärkeverdaulichkeit und Proteinqualität besonders für Kleinkinder, Kinder und Jugendliche geeignet.

Wegen des Gehaltes an Ballaststoffen, Mineralstoffen und Vitaminen leistet Amaranth einen wertvollen Beitrag für stillende und schwangere Frauen.

Durch die hohe Proteinqualität, besonders der essentiellen Aminosäuren, ist Amaranth Laktovegetariern sehr zu empfehlen.

Amaranth wird in Form von Körnern, Popcorn, Mehl und Flocken gehandelt. Aus den Körnern werden Müsli und Müsliriegel hergestellt.

Zum Selbermahlen von Körnern braucht man eine Getreidemühle, die man für fettreiche Ölsaaten verwendet.

Mit dem Amaranthmehl und -schrot kann man Suppen und Soßen binden, Laibchen (Frikadellen) backen und Frischkornbrei zubereiten.

Mit einer Garzeit von 5 Minuten kann man sehr rasch einen Kornbrei zubereiten. Weiters kann man mit Amaranthmehl Palatschinken (Pfannkuchen), Fladen und Crêpes herstellen.

Für Brot und Kuchen ist eine Mischung von Amaranthmehl mit Dinkelmehl zu gleichen Teilen zweckmäßig.
Gute, erprobte Rezepte finden Sie im 2. Teil des Buches.

Mit dem Inkabrot für Körper und Geist nimmt der Mensch ein hochwertiges Nahrungsmittel zur Förderung der Gesundheit zu sich.

Inhaltsstoffe von Amaranth und Quinoa im Vergleich mit Weizen

	Amaranth	Quinoa	Weizen
Energiegehalt in kJ	1.540	1.402	1.309,9
Wasser in %	11,1	12,7	13,2
Protein in %	15	13,8	11
Lysin in %	0,8	0,9,	0,4
Fett in %	9,8	5,0	2,0
unges. Fettsäuren in %	6,3	3,9	1,0
Kohlenhydrate in %	59	55,4	61,0
Ballaststoffe in %	12	4,9	10,4
Asche in %	3,3	3,3	1,8
Magnesium mg/100g	308	240	145
Kalzium mg/100g	214	114	45
Eisen mg/100g	9	10,8	3

Kamut

Botanisches

Familie: Gramineae, Poaceae – Süßgräser
Stammpflanze: Triticum turgidum

Kamut ist ein altes, durch Züchtungen nicht manipuliertes Hartweizengetreide mit einem natürlich hohen Eiweißgehalt, das die Jahrtausende allein auf Grund seiner Robustheit und Anspruchslosigkeit überlebt hat. Der Hartweizen hat glasige, hornartige, sehr widerstandsfähige Körner.

Historisches

Der Hartweizen stammt vermutlich aus dem »fruchtbaren Halbmond«, dem Land zwischen Ägypten, Euphrat und Tigris. Später geriet der Hartweizen in Vergessenheit.

Man fand in einer Grabbeigabe aus einem Pharaonengrab diese Weizenkörner, die ein amerikanischer Pilot nach dem zweiten Weltkrieg in seine Heimat brachte. Der amerikanische Farmer, der das Getreide zuerst angebaut hat, nannte es Kamut – was »Seele der Erde« bedeuten soll. Wegen seiner goldgelben Farbe wird der Hartweizen »das Gold der Pharaonen« genannt.

Seit dem Jahre 1977 hat der Hartweizen seinen Siegeszug in den USA angetreten. Von dort kam er nach Europa. Heute kann man dieses Getreide in Österreich, BRD und vielen EU-Staaten kaufen. Es wird auch bereits in Europa angebaut. In Versuchen der IFAA (International Food Allergy Association) hat sich gezeigt, dass Menschen, die auf Weizen allergisch reagieren, Kamut viel besser vertragen. Kamut

lässt sich genauso leicht verarbeiten wie gewöhnlicher Weizen, eignet sich hervorragend für jeden Teig und kann zur Herstellung von Schrotmüsli herangezogen werden. Kamut wird jetzt nur ökologisch angebaut, d. h. ohne Kunstdüngung und chemische Schädlingsbekämpfung.

Besondere Wirkstoffe

In 100 g sind durchschnittlich enthalten

	Weizen	**Kamut**
Energiewert kcal/kJ	311 / 1309	359 / 1500
Protein	11 %	17,3 %
Fett	2 %	2,6 %
Kohlenhydrate	61 %	66,7 %
Asche	1,7 %	1,8 %
Mineralien (mg):		
Kalzium	45	31
Eisen	3	4,2
Magnesium	145	153
Phosphor	345	411
Kalium	500	446
Zink	4	4,3
Vitamine (mg):		
B1	0,42	0,45
B2	0,14	0,12
Niacin	5,31	5,54
Pantothensäure	1,18	0,23
B6	0,44	0,08
Folsäure	0,04	0,04
E	1,4	1,7
Fettsäuren (g):		
gesättigte	0,9	0,5
ungesättigte	1,1	2,1

Vorzüge

Kamut enthält bis zu 40 % mehr Proteine und deutlich mehr ungesättigte Fettsäuren und Mineralstoffe als moderne Weizensorten.

Auf Grund des hohen Selengehalts decken 200 g Kamutbrot bereits den Tagesbedarf dieses lebensnotwendigen Spurenelements!

Kamut ist für viele Weizenallergiker die Alternative zu herkömmlichem Weizen geworden.

Eine vor kurzem abgeschlossene Studie der International Food Allergy Association (IFAA) kommt zu folgendem Ergebnis: 70 % der getesteten Weizenallergiker zeigten keine oder nur eine verzögerte allergische Reaktion gegenüber Kamut!

Mit seinem milden, leicht nussigen Geschmack ist Kamut ein ideales Brot- und Backgetreide. Produkte aus Kamut überzeugen nicht nur, weil sie so hochwertig sind – sie sind einfach ein Genuss! Selbst Kinder werden so zu »Naturkost-Fans«.

Die besonderen Eigenschaften der Stärke im Kamut-Urweizen bewirken eine verzögerte Retrogradation, Brot- und Backwaren bleiben daher erstaunlich lange frisch und locker.

Besonders hervorzuheben ist der hohe Gehalt an Selen. Dieses Spurenelement vermindert gemeinsam mit den Vitaminen C, E und Beta-Karotin die Bildung von freien Radikalen, die an der Entstehung von Herz-Kreislauf-Erkrankungen und Krebs beteiligt sein können. Wissenschaftliche Untersuchungen ergaben, dass die durchschnittliche Selenaufnahme deutlich unter dem empfohlenen Tagesbedarf liegt. Ursache dafür ist, dass Getreide, die wichtigste Selenquelle, hierzulande auf besonders selenarmen Böden wächst und somit arm an diesem Spurenelement ist.

Beim Verzehr von 200 g Kamutbrot deckt man den Tagesbedarf an diesem lebensnotwendigen Spurenelement.

Verwendung

Wegen seines hohen Anteils an hochwertigen Proteinen, seinen leicht verdaulichen Kohlenhydraten und wichtigen Fettsäuren, Mineralstoffen, Vitaminen und Spurenelementen kann man diesen Hartweizen als wichtiges Getreide für Energie und Ausdauer bezeichnen.

Kamut kann besonders für Leistungssportler, stressgeplagte Menschen, Schwerarbeiter, Kinder und ältere Menschen empfohlen werden.

Handelssorten

Kamutkörner, Haushaltsmehl, Brot- und Gebäcksorten, Vollkornbackwaren, Teigwaren und Müslis.

Quinoa

Botanisches

Familie: Chenopodiaceae –
Gänsefußgewächs
Stammpflanze: Chenopodium quinoa

Quinoa oder Quinuar ist eine einjährige südamerikanische Körnerfrucht. Sie gehört zur selben Familie wie die Zuckerrüben, Rote Rüben (Rote Bete) und Mangold. Die Pflanzen wachsen 1 bis 2 m hoch und gedeihen auch auf kargen Böden bei Frost und Dürre. Aus den Blüten reifen die Fruchtstände mit zahlreichen kleinen Samen. Die Samenkörner und Blätter sind essbar. Die Körnchen sind flach wie eine Scheibe, 1 bis 3 mm im Durchmesser und nach der Ernte oft noch von der Blütenhülle umgeben, die sich durch Rubbeln aber leicht löst.

Quinoa war lange Zeit im internationalen Ernährungshandel nicht gefragt. Auf Grund des gestiegenen Ernährungsbewusstseins in den USA und Europa ist die Nachfrage nach Quinoa wieder gestiegen. Quinoa wird heute in der gesamten Andenregion, vor allem in Peru, Bolivien und Chile, angebaut. Quinoa eignet sich hervorragend für den umweltfreundlichen Ackerbau mit Fruchtwechsel.

Die Pflanze kommt nahezu ohne Dünger aus, weil sie die Nährstoffe aufnimmt, die andere Ackerpflanzen im Boden hinterlassen. Auch in Europa gibt es bereits eine Vielzahl von Anbauversuchen. In Österreich eignet sich das Weinviertel besonders gut für ihren Anbau. Je höher das Anbaugebiet liegt, desto weniger wird die Pflanze von Schädlingen befallen.

Nach der Ernte müssen die durchsichtigen weiß-gelben Körnchen gründlich gewaschen werden, damit die bitteren Saponine herausgelöst werden. Das Saponinwaschwasser verwenden die Indios als Shampoo. Im internationalen Handel werden fast nur bitterstoffarme Sorten angeboten.

Historisches

Quinoa ist eine uralte Kulturpflanze. Man fand sie bereits in domestizierter Form in einer mehr als 6.500 Jahre alten archäologischen Schicht in Ayacucho bei Peru. Zu Zeiten der Indianerherrschaft in Südamerika, besonders bei den Inkas, Azteken und Mayas, kultivierte man Quinoa neben Kartoffeln und Mais.

Die Inkas nannten die Pflanze »Mutter des Getreides« und sie galt als Wundermittel für Kraft und Gesundheit. Nach dem Einbruch der Spanier in das Land wurde der Anbau von Quinoa verboten, weil die Spanier glaubten, das Korn sei für Mut, Stärke und Unbeugsamkeit der Inkas verantwortlich. Die Erhaltung der Kulturpflanze ist den Indianern zu verdanken.

Quinoa gedeiht noch in einer Höhe von 3.400 m. Sie ist auch diesbezüglich eine Wunderpflanze.

Besondere Wirkstoffe

In 100 g ganzen Körnern sind durchschnittlich enthalten:

Energie 1.402 kJ/335 kcal

Kohlenhydrate	55,4 g
Ballaststoffe	4,9 g
Fett	5,3 – 7 g
Eiweiß	13 – 16 g
Beta-Karotin	0,480 mg
Vitamin E	4,7 mg
Vitamin B1	0,28 mg
Vitamin B2	0,35 mg
Vitamin C	4,4 mg
Kalzium	114 mg
Eisen	10,8 mg
Kalium	710 mg
Magnesium	240 mg
Zink	4,3 mg

Quinoa liefert hochwertiges, glutenfreies Eiweiß mit lebenswichtigen Aminosäuren. Von der Weltgesundheitsorganisation wird Quinoa wie Milchpulver eingestuft.

Die kleinen Körnchen enthalten reichlich B-Vitamine, die besonders für die Nerven und den Kohlenhydratstoffwechsel wichtig sind.

Die glutenfreie Stärke lässt sich leicht verdauen und liefert rasch wertvolle Energie.

Die Ballaststoffe leisten eine wichtigen Beitrag zur Verdauung und Senkung des Cholesterinspiegels. Quinoa ist reich an Mineralstoffen und Spurenelementen; besonders der Kalziumgehalt ist sehr hoch.

Außerdem wird der Organismus reichlich mit Kupfer, Eisen, Kalium, Phosphor und Zink versorgt.

Vorzüge

Quinoa besitzt ähnliche Vorzüge wie Amaranth und kann besonders bei Zöliakie und Sprue eingesetzt werden.
Bei diesen Krankheiten handelt es sich um eine Schädigung der Darmschleimhaut, besonders der Dünndarmzoten.
Es kommt zu Durchfällen, vermehrter Fettstuhlausscheidung, Gewichtsabnahme und allgemeiner Schwäche. Sprue kommt besonders in Tropengebieten vor.
Die Behandlung dieser Krankheiten erfordert unter anderem eine glutenfreie Ernährung.

Verwendung

Quinoa hat eine Garzeit von nur 15 Minuten. Die Körnchen eignen sich daher als rasch zubereitete Beilage. Quinoa bleibt körnig, schmeckt ein wenig nach Nuss und eine Spur bitter. Quinoa wird Müslimischungen, Müsliriegeln und glutenfreiem Gebäck beigemischt. Quinoa kann vom Kleinkind bis zum Senioren verwendet werden, eignet sich gut zur Ernährung von Sportlern, Diabetikern und Personen mit erhöhtem Cholesterinspiegel.

Handelssorten

Körner, Flocken, Mehl, knusprige Quinoapops und Life-Power-Produkte.

Seltene Getreidearten

Die Getreidearten haben sich aus Wildgräsern entwickelt. Besonders beim Weizen entstanden im Laufe der Jahrtausende viele Weizensorten. Das Korn der Superlative hat sich rund um die Erde in 12.000 verschiedenen Sorten verbreitet. Einige Sorten spielen nur in bestimmten Gebieten der Erde eine Rolle.

Einkorn
gehört vermutlich zu den ersten Weizenpflanzen, die der Mensch angebaut hat. Prähistorische Funde dieser Körner stammen aus dem Südosten der heutigen Türkei und sind etwa 10.000 Jahre alt. Einkorn wird heute nur noch in der Schweiz, im Mittelmeerraum, in Osteuropa und im Vorderen Orient kultiviert.

Emmer
ist ein Urverwandter des heutigen Weizens. Anbaugebiete finden sich vereinzelt noch in Deutschland, Spanien und im Kaukasus. Zu den Arten der Emmareihe gehört der Hartweizen. Er ist, wie sein Name sagt, sehr hart, weist eine glasige Struktur auf

und zeichnet sich durch einen sehr hohen Eiweißgehalt aus. Er wird vorwiegend zur Herstellung von Teigwaren und Grieß verwendet.

Couscous
ist ein exotisches Weizenprodukt, das besonders in der nordafrikanischen Küche zur Herstellung von Spezialgerichten dient. Couscous wird besonders mit Gemüse, Kichererbsen, Fleisch oder Fisch zu Eintopfgerichten verarbeitet.

In Mitteleuropa wird Vollkorncouscous und weißer Couscous besonders in Naturkostläden, Reformhäusern und türkischen Lebensmittelgeschäften gehandelt. Die Produkte sind meistens eine Mischung mit Hartweizengrieß und Hirse.

Bulgur
ist eine spezielle Getreideart, die besonders in der türkischen und vorderasiatischen Küche verwendet wird.

Der grobe oder feine Schrot wird in den Haushalten und industriell hergestellt. Vollkornbulgur enthält noch die nähr- und ballaststoffreiche Außenschicht des Korns.

Mit Bulgur werden sehr viele Beilagengerichte hergestellt. In der Türkei wird es aber auch als Hauptgericht verwendet.

Seitan
wird aus dem Vollweizen durch Trennung von Kleie und Stärke vom Eiweiß gewonnen. Das Eiweiß (Gluten) wird in einer Mischung aus Wasser, Sojasoße und verschiedenen Gewürzen gekocht. Seitan besitzt einen vollmundigen Geschmack und eine saftige zarte Konsistenz.

Die Zubereitung eines Seitangerichtes ist denkbar einfach. Generell kann er wie Fleisch gebraten, gebacken oder geschnetzelt werden. Der rasch zubereitete Seitan kann vielseitig verwendet werden und ist eine köstliche und sehr gesunde Alternative zum Fleisch. Seitan enthält alle essentiellen Aminosäuren, verfügt über einen hohen Eiweißgehalt, über wertvolle Kohlenhydrate und wenig Fett. Das cholesterinfreie Produkt ist leicht verdaulich, hat nur wenig Broteinheiten und eignet sich daher auch für Diabetiker. Mit Seitan erreicht man eine gute und rasche Sättigung, ohne ein Völlegefühl zu bekommen.

Praxis

Koriander

Brotgewürze

Grundsätzlich ist das Würzen von Brot und Gebäck zu befürworten. Die einzige Ausnahme ist Salz. Salz sollte eher unterdosiert werden, denn es bindet Wasser im Körper: 8 g Salz binden einen Liter = ein Kilogramm! Starker Salzgenuss wird sich bald auf Ihr Körpergewicht auswirken. Die anderen Gewürze jedoch regen die Bildung von Verdauungssäften an und sind in entsprechender Dosierung zu empfehlen.

Anis

Im Mittelmeerraum wird Anis im Juli und August geerntet. Die wichtigsten Inhaltsstoffe sind: ein ätherisches, ein fettes Öl, Schleimstoffe, Eiweiß, Zucker, Cholin.

Anis hilft bei Blähungen, ist gallentreibend und gut für die Steigerung der Milchabsonderung. Häufig wird Anis bei der Herstellung von Vollkornmehlspeisen, seltener als Brotgewürz verwendet.

Fenchel

Fenchel enthält ein appetitanregendes, ätherisches Öl, das die Verdauung fördert und Blähungen verhindert. Als natürliches Mittel gegen Husten ist Fenchel auch bekannt. Außerdem regt er die Drüsentätigkeit an. Fenchel eignet sich besonders zum Würzen von Brot und Gebäck. Fenchelbrot bewährt sich bei der Umstellung auf Vollwertnahrung.

Ingwer

Ingwer stammt aus dem Fernen Osten und findet dort in der Küche vielfältige Anwendung. Bei uns kennt man nur den getrockneten Ingwer, der ein ätherisches Öl, einen Bitterstoff, Harz, Stärke, Mineralstoffe und einige bisher noch nicht geklärte Substanzen enthält. Ingwer ist magenstärkend, speicheltreibend, schleimlösend und entzündungshemmend. Bei Nierenentzündung ist Ingwer streng verboten!

Bei der Bereitung von Lebkuchen und Biskuits findet Ingwer Verwendung.

Kardamom

Der Kardamomstrauch kommt in Ostasien und Südamerika vor. Die aus der Frucht verwendeten Samen wirken speichelfördernd, blähungshemmend, kühlend und harnfördernd. Die ätherischen Öle geben dem Kardamom einen würzig-scharfen Geruch. Kardamom wird für die Herstellung von Pfefferkuchen-Würzmischungen, für Weihnachtsgebäck und Lebkuchen verwendet.

Koriander

Diese Pflanze, die stark nach Wanzen riecht, trägt eine kugelige Frucht. Als Gewürz werden die Samen verwendet. Sie enthalten Öl und eine andere fette Substanz, Eiweiß, Zucker und Vitamin C.

Bei der Herstellung von Vollkornbrot wird Koriander mit Fenchel und Kümmel kombiniert – ein ideales Brotgewürz.

Koriander wirkt krampflösend, windtreibend und fieberhemmend.

Kümmel

Diese stark aromatische Pflanze ist weltweit, vorwiegend aber in südlichen Ländern verbreitet. Fälschlicherweise werden die Früchte als Samen bezeichnet. Kümmel enthält Eiweiß, Fett, Zucker und ätherisches Öl. Er ist ein beliebtes Brotgewürz und wirkt appetitanregend, verdauungsfördernd und beseitigt Blähungen.

Salz

Mit Salz sollten Sie vorsichtig umgehen, da man sehr viele Lebensmittel isst, die verstecktes Salz in großer Menge enthalten. Tauschen Sie einen Teil des Salzes mit frischen Kräutern und anderen Gewürzen aus.

Zwiebel

In weiten Teilen Europas, Asiens und Amerikas kommt Zwiebel vor. Die Zwiebel enthält Eiweiß, Kalium, Kalzium, Phosphor, Eisen, Schwefel, Fluor und Vitamin C. Außerdem Pantothensäure, Nikotinsäure und Karotin. Die Scharlottenzwiebel enthält die meisten ätherischen Öle. Zwiebeln wirken entschlackend, darm- und magenreinigend, sekretions- und gallenfördernd.

Anis

Wichtige Tipps fürs Backen zu Hause

Ihr Arbeitsraum (Küche) sollte stets warm sein (von ca. 20 – 25 °C).

Verarbeiten Sie sämtliche Zutaten außer Wasser bei Raumtemperatur (ca. 20 bis 25 °C). Butter und Eier ein bis zwei Stunden vor dem Verarbeiten aus dem Kühlschrank nehmen.

Mit der Flüssigkeit für den Teig (meistens ist es Wasser, manchmal auch Milch) regeln Sie die Teigtemperatur. Bei etwas kälteren Zutaten nehmen Sie wärmeres Wasser bei etwas wärmeren Zutaten kälteres Wasser.

Im Idealfall strebt man eine Teigtemperatur von ca. 23 – 28 °C an. Das hat einen Grund: Hefe arbeitet bei diesen Temperaturen am besten. Ist es kälter oder aber auch wärmer, so arbeitet die Hefe langsamer. Die Teigreifung und das Aufgehen (Gären, die Gare) des Teiges verzögern sich.

Die Flüssigkeit bei den Rezepten ist immer in »Zirka«-Mengen angegeben, da Mehl z. B. aus Burgenland und Mehl aus Bayern nicht die gleiche Qualität und vor allem nicht die gleiche Wasseraufnahmefähigkeit haben. Auch der Ausmahlungsgrad des Mehls hat Einfluss auf die Wasseraufnahmefähigkeit.

Darum geben Sie nie die ganze Flüssigkeit sofort in die Küchenmaschine, sondern nach und nach so viel, dass Sie auf die richtige Teigfestigkeit kommen.

Es kann durchaus vorkommen, dass Sie bei einem Rezept weniger und beim anderen Rezept mehr Wasser benötigen.

Eine intensive Teigbearbeitung, Teigknetung, beim Mischen ist enorm wichtig für die Qualität des Endproduktes. Wenn Sie mit der Hand mischen, sollten Sie den Teig ca. 15 – 20 Minuten bearbeiten. Mit der Küchenmaschine bei langsamem Gang ca. 12 – 14 Minuten, bei einem schnelleren Gang ca. 8 – 10 Minuten.

Grundsätzlich sollten Weizenteige etwas intensiver (länger) gemischt werden als Teige mit Roggenmehl.

Das Stehenlassen des Teiges nennt man Teigruhe. Es entwickeln sich Geschmacksstoffe und die Hefe beginnt zu arbeiten. Unter Arbeiten der Hefe verstehe ich das Aufgehen des Teiges (Gären).

Die Hefe baut Kohlenhydrate zuerst in Einfachzucker und dann in CO_2 und Alkohol ab. CO_2 lockert den Teig – und bringt Volumenzuwachs. Alkohol gibt den typischen Hefegeschmack. Die Teigruhe sollte wiederum bei einer für die Hefe angenehmen Temperatur erfolgen (ca. 23 – 30 °C).

Das Backen ist nach dem Teigmischen die zweitwichtigste Sache, um eine gute Qualität zu erhalten.

Grundsätzlich ist zu unterscheiden: Backen Sie mit Heißluft (bewegte Luft) oder backen Sie mit Ober- und Unterhitze (ruhige Backatmosphäre)?

Alle Temperaturangaben bei den Rezepten sind für Ober- und Unterhitze angegeben. Backen Sie mit Heißluft, so müssen Sie die angegebenen Temperaturen um ca. 10 – 15 °C senken, da Backwaren mit Heißluft bei gleicher Temperatur schneller und dunkler backen würden.

Das Einbringen des Brotes, des Kleingebäcks oder der Mehlspeise erfolgt immer in das vorgeheizte Backrohr. Wenn es bei einem Rezept angegeben ist, dann können Sie das Gefäß mit Wasser schon vor dem Aufheizen in das Backrohr stellen, um eine gute Wasserdampfbildung zu erreichen.

Es ist durchaus möglich, auch wenn Sie die Backtemperatur genau einhalten, dass Ihr Brot, Kleingebäck oder Ihre Mehlspeise zu hell oder zu dunkel wird. Das ist der Fall, wenn die eingestellte Temperatur mit der Temperatur im Backofeninneren nicht übereinstimmt. Kein Problem, Sie reduzieren oder erhöhen die Temperatur um ca. 5 – 10 °C.

Es ist Ihnen überlassen, ob Sie beim Backen befettete Backbleche verwenden oder Backtrennpapier. Wenn Sie Backtrennpapier verwenden, ersparen Sie sich das Putzen der Bleche.

Nach dem Ausbacken Brote oder Kuchen sofort aus der Backform nehmen oder z. B. Kleingebäck sofort vom Backblech geben, um ein Nachbacken zu vermeiden. Für das Auskühlen eignet sich ein Schneidebrett aus Holz am besten. Keine Plastik- oder Metallunterlagen verwenden.

Durch das Gären und Backen von Brot oder Gebäck kommt es immer zu einem Gewichtsverlust.

Der Gärverlust von ca. 2 – 3 % entsteht durch den Abbau von Zucker in CO_2 und Alkohol.

Der Backverlust von ca. 10 – 12 % entsteht durch Feuchtigkeitsverlust während des Backprozesses.

Sie erhalten also nie aus 1 kg Teig 1 kg Brot. Sie müssen einen fertigen 1-kg-Wecken mit Zutaten von ca. 1.150 g auswiegen.

Um Vitamine und Mineralstoffe optimal zu erhalten, sollten Sie Getreide erst kurz vor dem Teigmischen frisch mahlen.

Herstellung eines Sauerteigs

Bei einigen Brotrezepten benötigt man für die Rezeptur Sauerteig. Sauerteig bekommen Sie vom Bäcker oder in Ihrem Reformgeschäft in trockener oder teigähnlicher Konsistenz. Natürlich können Sie Ihren Sauerteig auch selbst herstellen.

Sie benötigen für den Sauerteig:

300 g Roggenmehl, frisch vermahlen
300 g Wasser
Roggenmehl zum Stauben
1 EL Sauermilch
Zwiebelringe
3 Tage Reifezeit.

1. Tag:

Sie nehmen 100 g Roggenmehl, 100 g Wasser, 1 EL Sauermilch und verrühren alles in einer Plastik- oder Nirostaschüssel zu einem weichen Teig, bestreuen diesen mit Mehl und legen Zwiebelringe darauf, um jegliche Art von Fremdgärung fern zu halten. Lassen Sie diesen Teig 24 Stunden stehen. Jetzt entwickeln sich in diesem Teig Essig- und Milchsäurebakterien.

2. Tag:

Entfernen Sie die Zwiebel vom Teig. Geben Sie abermals 100 g Roggenmehl und 100 g Wasser dazu. Verarbeiten Sie das Ganze zu einem Teig und stauben Sie Mehl darüber. 24 Stunden stehen lassen.

3. Tag:

Noch einmal 100 g Roggenmehl und 100 g Wasser dazugeben, zu einem Teig verarbeiten und stauben. 24 Stunden stehen lassen.

Jetzt haben Sie einen reifen Sauerteig und genug Essig- und Milchsäure gezüchtet, um das Brot backfähig zu machen.

Sie erhalten aus diesem Sauerteigrezept mehr Sauerteig, als Sie bei den meisten Rezepten brauchen. Den restlichen Sauerteig, der Ihnen übrig bleibt, können Sie einfrieren.

Ca. 6 Stunden vor der Verwendung geben Sie den Sauerteig aus dem Gefrierschrank und lassen ihn langsam auftauen. So haben Sie jederzeit einen einsatzbereiten Sauerteig im Haus.

Begriffserklärungen

wirken, rundwirken	formen eines Teigstückes
die Gare, gären	Lockerung des Teiges durch die Hefe
ausstoßen	breitdrücken und zusammenschlagen des Teiges
Ruhezeit	Zeit, die der Teig benötigt, um die Teigreife zu erlangen
Schluss	Teigfalten, die beim Wirken entstehen
Dampfl	Vorteig ausschließlich aus Wasser, Mehl und Hefe
entspannen	kurze Teigruhezeit zur besseren Verarbeitung des Teiges
aufarbeiten	Formgebung des Teigstückes
Gärdauer, Gärzeit	Teigruhezeit zwischen Formgebung und Backen des Teiges
Teigruhe	Gärzeit zwischen Mischen und Formgebung

Dinkel-Rezepte

Dinkel-Kleingebäck

ca. 30 Stück

1.000 g Dinkelvollkornmehl, fein gemahlen
ca. 700 g Wasser, 20 °C
25 g Salz
30 g Butter
40 g Hefe
20 g Honig

ca. 1.815 g Gesamtteig

Das Dinkelvollkornmehl in eine Schüssel geben und in die Mitte eine Vertiefung (Mulde) hineindrücken. Hefe in etwas Wasser auflösen und hineinschütten, Salz und Honig dazugeben und von der Mitte aus mit dem Fett langsam vermengen. Nach und nach Wasser beigeben. Den Teig sehr kräftig durchkneten, bis er geschmeidig wird und Blasen wirft.

Wenn der Teig fertig gemischt ist, soll er eine eher weiche Konsistenz aufweisen. Der Grund dafür ist: Die Kleieteilchen, die im Vollmehl enthalten sind, nehmen zwar viel, aber nur langsam Wasser auf.

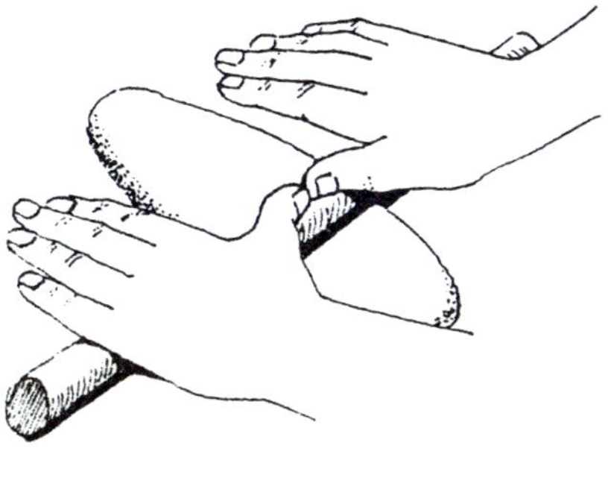

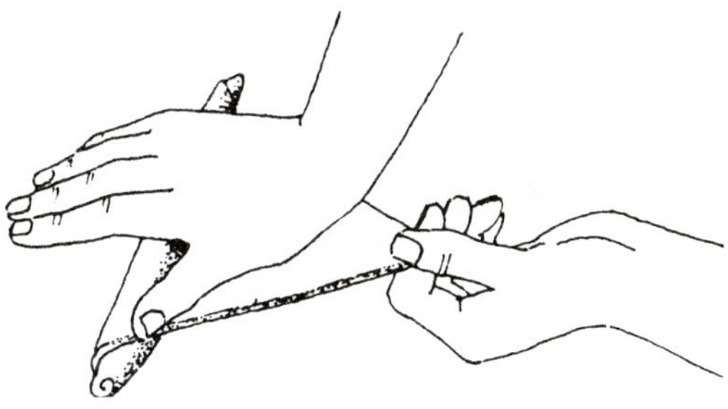

Holzfaserstoffe sind sehr saugfähig. Dadurch wird der Teig während der Ruhezeit automatisch fester.

Decken Sie nun den Teig zu und lassen Sie ihn an einem warmen Ort 25 Minuten aufgehen. Nach dieser Ruhezeit wird er »ausgestoßen«. Zu diesem Zweck wird er auf eine bemehlte Arbeitsplatte gelegt und mit beiden Händen flach gedrückt. Dadurch werden die verbrauchten Gärgase hinausgedrückt, es kommt Luft in den Teig, die Hefezellen können sich leichter vermehren, der Teig gärt schneller. Noch einmal rundwirken (eine Kugel formen) und kleine Teigstücke mit einem Gewicht von 60 Gramm abwägen. Die ausgewogenen Teigknollen rundwirken und zu den einzelnen Dinkel-Kleingebäck-Sorten formen.

Für Salzstangerln rollen Sie den Teig mit einem Rollholz oval aus. Nehmen Sie das untere Ende des Teigstückes in die eine Hand und rollen Sie mit der anderen Hand das Teigstück ein. Wollen Sie ein Kipferl/Hörnchen formen, so soll das Teigstück länger sein.

Dinkel-Sesam-Laibchen

Den Dinkelvollkornteig rundwirken, mit dem Schluss nach unten setzen, mit einem Messer an der Oberfläche einschneiden. Die Oberfläche mit Wasser bestreichen und in Sesam wälzen. Auf ein befettetes Backblech setzen und ca. 30 Minuten gären lassen.

Dinkel-Mohn-Laibchen

Wie Dinkelsesamlaibchen arbeiten, nur mit Mohn bestreuen.

Dinkel-Graham-Laibchen

Zuerst rundwirken, dann länglich formen und mit dem Schluss nach unten auf ein gefettetes Backblech setzen. Gärdauer: ca. 35 Minuten.

Dinkel-Kümmel-Laibchen

In 500 Gramm Teig ca. 15 Gramm Kümmel gut hineinkneten. Teigstücke abwägen, rundwirken, länglich formen und mit dem Schluss nach oben auf ein gefettetes Backblech setzen.

Mit Wasser bestreichen und mit Kümmel bestreuen. Kurze Gärdauer: ca. 20 Minuten. Durch die relativ kurze Gärzeit »reißt« der Schluss besser auf.

Dinkel-Zwiebel-Weckerln

400 Gramm Teig, mit 40 Gramm geröstete Zwiebel gut vermischen, sonst die gleiche Arbeitsweise wie beim Dinkel-Graham-Laibchen.

Dinkel-Salzstangerln

Teigstück rundwirken und auf dem Arbeitstisch ca. fünf Minuten aufgehen lassen.

Dann die Teigstücke zu je 60 g mit dem Rundholz oval ausrollen (Länge: 20 Zentimeter). Nun folgt ein Arbeitsvorgang, der bereits ein wenig Übung erfordert.

Die Salzstangerln werden »handgewickelt«: Der ovale Fleck wird mit dem Handballen unter gleichzeitig leichtem Drücken und Rollen zu einem Salzstangerl geformt.

Mit Wasser bestreichen und mit einer Mischung aus Kümmel und Salz bestreuen. Gärdauer: ca. 25 Minuten.

Dinkel-Kaisersemmeln

Ein typisch österreichisches Gebäck ist die Kaisersemmel.

Die Teigstücke rundwirken und mit Dinkelvollkornmehl leicht bestauben. Gut hin- und herrollen und ca. fünf Minuten zugedeckt liegen lassen.

Das »Wirken« (Formen) der Kaisersemmeln besorgen Sie mit der Hand. Mit Hilfe des Rollholzes einen runden Fleck von 10 Zentimeter Durchmesser ausrollen.

Nun ist es sehr wesentlich, dass die in fünf Teile aufzuschlagenden Teigläppchen der Semmeln gleich groß sind und genau in die Mitte des runden Flecks gelegt werden, gleichzeitig legen Zeige-, Mittel- und Ringfinger etwa 1/4 des Fleckes über den linken Daumen und drücken den Teig mit der Handkante der rechten Hand fest.

Diesen Vorgang viermal wiederholen. Zum Schluss des Wirkens den Daumen herausziehen und in die entstehende Lücke den letzten Teil des Fleckes fest hineindrücken.

Das Handwirken erfordert eine gewisse Übung. Eine schöne Kaisersemmel mit dem charakteristisch in der Mitte zusammenlaufenden Stern wird deshalb erst nach mehreren Versuchen gelingen.

Nach dem Wirken die Semmel mit dem Stern nach unten auf den Arbeitstisch legen und etwas flachdrücken.

Die Backdauer und der Backvorgang sind bei allen beschriebenen Dinkel-Kleingebäck-Sorten gleich.

Backofen auf 220 °C vorheizen. Gut gegärtes Kleingebäck hineingeben, Gefäß mit Wasser hineinstellen. Die Backzeit beträgt ca. 20 Minuten bei gleich bleibender Temperatur.

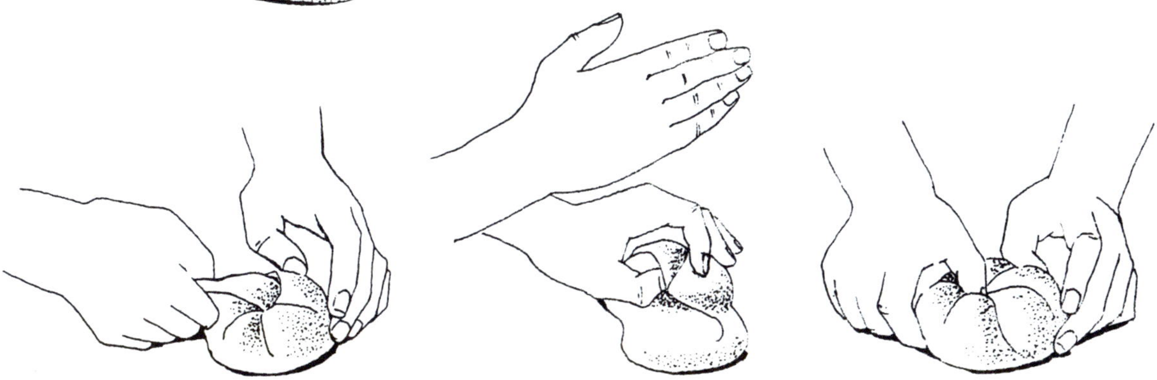

Dinkel-Kipferln

ca. 30 Stück

1.000 g Dinkelvollkornmehl, fein gemahlen
ca. 600 g Wasser, 30 °C
15 g Salz, 120 g Butter, 120 g Honig, 70 g Hefe

ca. 1.925 g Gesamtteig

Das Dinkelvollkornmehl in eine Schüssel geben und in die Mitte des Mehls eine Vertiefung (Mulde) drücken. Hefe in etwas Wasser auflösen und hineinschütten, Salz und Honig zugeben und von der Mitte aus mit dem Mehl vermengen. Wasser nach und nach beigeben. Den Teig sehr kräftig durchkneten. Zum Schluss wird die Butter hineingearbeitet.

Den Teig 20 Minuten gut zugedeckt an einem warmen Ort aufbewahren. Dann wieder kräftig durchmischen und weitere 15 Minuten liegen lassen. Nach dieser Ruhezeit wird der Teig ausgestoßen, anschließend werden Teigstücke mit einem Gewicht von je 60 Gramm abgewogen.

Ca. fünf Minuten aufgehen lassen und dann mit einem Rollholz auf Form einer Schuhsohle ausrollen (ca. 25 Zentimeter lang). Diesen ovalen Fleck unter gleichzeitigem leichten Drücken mit der Hand aufrollen, so dass ein Teigstrang von ca. 20 Zentimetern und 6 Wicklungen entsteht. Den gewickelten Teigstrang in Hufeisenform auf ein gefettetes Backblech setzen. Mit Ei bestreichen. Ca. 40 Minuten gären lassen und bei einer Backtemperatur von 190 °C ca. 15 – 18 Minuten backen.

Dinkel-Brezerln (Mürbbrezen mit Nüssen)

ca. 45 Stück

1.000 g Dinkelvollkornmehl, fein gemahlen
ca. 350 g Milch, ca. 30 °C
80 g Hefe
450 g Butter
20 g Salz
1 Ei (ca. 50 g)
50 g Walnüsse
250 g Honig

ca. 2.250 g Gesamtteig

Dinkelvollkornmehl in eine Schüssel geben und in die Mitte eine Vertiefung drücken. Hefe in etwas Wasser auflösen und in die Delle schütten, Salz und Honig dazugeben und von der Mitte aus mit dem Mehl langsam vermengen.

Nach und nach Wasser beigeben. Den Teig kräftig durchkneten.

Zum Schluss wird die Butter hineingearbeitet. Den Teig ca. 45 Minuten gut zugedeckt an einem kühlen Ort oder im Kühlschrank lagern.

Nach der Lagerung wird der Teig gut ausgestoßen, anschließend werden Teigstücke mit einem Gewicht von je 50 Gramm abgewogen und rundgeformt.

Sie werden auf eine Länge von etwa 30 Zentimetern ausgerollt und Brezerln geformt.

Es ist darauf zu achten, dass der Teigstrang in der Mitte dick bleibt und nach beiden Seiten hin dünn wird.

Die Brezen mit Ei bestreichen, in geriebene Walnüsse tauchen und nach einer Gärzeit von 30 Minuten bei einer Backtemperatur von 190 °C backen. Backdauer ca. 20 Minuten.

Diese Brezen sind sehr knusprig und lassen sich sehr schnell zubereiten.

So macht man ein Brezerl:

1. Den Teigstrang hufeisenförmig legen, die Teigenden übereinander legen.
2. Die Teigenden ineinander verschlingen.
3. Die Teigenden am oberen Brezenbogen festdrücken.

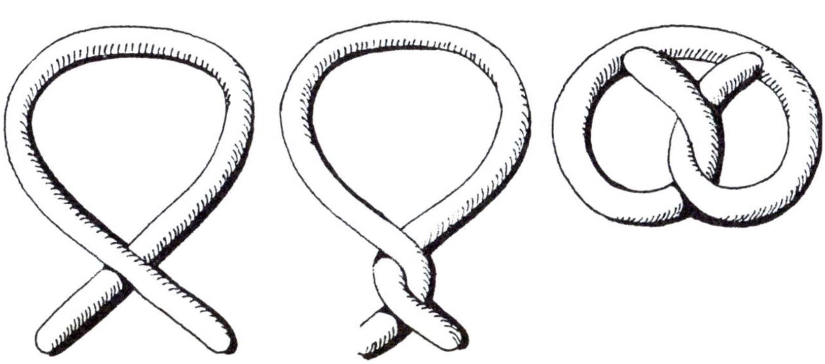

Dinkel-Wachauer-Laibchen

ca. 15 Stück

850 g Dinkelvollkornmehl, fein gemahlen
150 g Roggenvollkornmehl, fein gemahlen
ca. 700 g Wasser
20 g Salz, 30 g Butter, 50 g Hefe, 10 g Honig
10 g Gewürzmischung, 100 g Sauerteig

ca. 1.920 g Gesamtteig

Mit 300 Gramm Dinkelvollkornmehl, 400 Gramm Wasser (35 °C), 50 Gramm Hefe und 10 Gramm Honig einen Vorteig (»Dampfl«) machen. Diesen ca. 30 Minuten an einem warmen Ort gut zugedeckt stehen lassen. Nachdem der Vorteig aufgegangen ist (seine Größe hat sich verdoppelt), werden sämtliche anderen Zutaten dazugegeben und zu einem Teig vermischt.

Den Teig ca. 20 Minuten aufgehen lassen und noch einmal kräftig durchmischen, damit keine Krümel entstehen. Nach einer weiteren Teigruhe von 20 Minuten noch einmal gut ausstoßen und Teigstücke mit einem Gewicht von je 80 Gramm abwiegen. Dann Roggenvollkornmehl auf die Arbeitsplatte geben und die Teigstücke im Mehl rundwirken (sie werden geschliffen). Die Laibchen mit dem bemehlten Schluss auf ein gefettetes Backblech setzen, ca. 40 Minuten gären lassen und bei einer Temperatur von 220 °C backen. Die Backzeit beträgt ca. 20 – 25 Minuten.

In manchen Gegenden wird dieses Gebäck auch als Schusterlaibchen bezeichnet. Durch die Beigabe von Roggenmehl und Sauerteig schmecken die Laibchen sehr rustikal und bleiben länger frisch. In Berlin nennt man dieses Gebäck »Schusterjungen«. Dort wird der Teig allerdings mit Bier anstelle des Wasser zubereitet und mit Bier serviert.

Dinkelbrot

(1 Wecken) ca. 1.350 g

800 g Dinkelvollkornmehl, fein gemahlen
550 g Wasser, 25 °C
20 g Salz
50 g Hefe
30 g Butter

ca. 1.450 g Gesamtteig

Das Dinkelvollkornmehl in eine Schüssel geben. In die Mitte des Mehls eine Mulde drücken. Wasser hineingeben, Hefe und Salz auflösen und unter gutem Durcharbeiten zu einem Teig mischen.

Die Butter soll immer erst im letzten Drittel des Mischprozesses dazugegeben werden. Würde man sie gleich zu Beginn zugeben, so würde das Fett die Hefezellen umschließen; diese Zellen könnten sich dann nur schlecht entwickeln und das Brot würde nur sehr langsam aufgehen.

Arbeiten Sie mit der Küchenmaschine, so mischen Sie bei mittlerer Geschwindigkeit ca. 12 Minuten lang, mit der Hand ca. 18 Minuten.

Nun bleibt der Teig etwa 20 Minuten liegen (Teigruhe). Danach noch einmal fünf Minuten kräftig durchkneten. Dieser wiederholte Knetvorgang hat den Vorteil, dass restliches Wasser gebunden wird.

Der Teig quillt besser auf, die Poren vermehren sich, und das Brot wird dadurch größer und schöner.

Durch dieses zweite Durchkneten entsteht ein weiterer Vorteil – die Krume bildet eine geschlossene, feste Konsistenz, das Brot wird beim Anschneiden nicht krümeln.

Nach diesem Vorgang bleibt der Teig weitere zehn Minuten liegen.
Nun auf einem Brett aufarbeiten, zu einem Wecken formen und auf das gefettete Backblech legen.

Nach weiteren 30 Minuten mit Wasser bestreichen, mit dem Messer drei seitliche Schnitte in das Brot machen und backen.

Dinkelbrot bei einer Temperatur von 240 °C in den Ofen geben, ein Gefäß mit Wasser dazustellen und nach 5 Minuten auf 190 °C zurückdrehen.

Die Backzeit beträgt ca. 65 – 70 Minuten.

Dinkelbaguette

2 Stück mit ca. 400 g

500 g Dinkelvollkornmehl, fein gemahlen, ca. 350 g Wasser, 25 °C
30 g Hefe, 10 g Salz, 25g Butter

ca. 915 g Gesamtteig

Hefe in Wasser auflösen und mit dem Dinkelvollkornmehl zu einem Teig kneten. Gegen Schluss das Salz und die Butter dazugeben und den Teig fertig kneten. Salz sollte man bei diesem Spezialbrot deshalb erst zum Schluss zugeben, damit die Gärung nicht zu stark beeinträchtigt wird. Außerdem entstehen dadurch ungleiche Poren und kleine Hohlräume, die für dieses Brot charakteristisch sind.

Der Teig wird gut zugedeckt ca. 90 Minuten an einem kühlen Ort aufbewahrt. Die Oberfläche soll dabei nicht austrocknen. Durch die Liegezeit entsteht eine gute Aromabildung. Dann den Teig in zwei Teile teilen, rundwirken und nochmals zehn Minuten liegen lassen, damit eine Entspannung eintritt. Nach dieser kurzen Liegezeit sorgfältig in lange, dünne Stangen aufarbeiten.

Die zwei Stücke mit dem Schluss nach unten auf ein gefettetes Backblech setzen und ca. 40 Minuten gären lassen. Dann mit der flach gehaltenen Klinge schräg einschneiden.

Baguette bei einer Temperatur von 220 °C in den Ofen schieben. Ein Gefäß mit Wasser dazustellen und bei einer Temperatur von 180 °C fertig backen. Die Backzeit beträgt ca. 30 – 35 Minuten.

Ofenfrisches Dinkelbaguette ist ein Leckerbissen. Beim Essen bricht man Stücke ab. Wegen seines aromatischen Geschmackes wird es von Feinschmeckern bevorzugt.

Dinkel-Sesam-Wecken

1 Brot mit ca. 1.450 g

800 g Dinkelvollkornmehl, fein gemahlen
ca. 600 g Wasser, 25 °C
20 g Salz
40 g Hefe
180 g ungeschälter Sesam, geröstet

ca. 1.640 g Gesamtteig

Den Sesam im Backrohr bei einer Temperatur von 170 °C leicht rösten. Dadurch entsteht der nussartige Geschmack.

Die Hefe im Wasser auflösen und mit den anderen Zutaten, einschließlich Sesam, zu einem Teig vermischen. Diesen 20 Minuten liegen lassen und noch einmal kräftig durchmischen. Nun weitere 15 Minuten liegen lassen, damit sich das Teigstück entspannt und leichter zu einer Weckenform ausgedehnt werden kann.

Auf ein gefettetes Backblech setzen und ca. 30 Minuten gären lassen. Wenn die Gare erreicht ist, gut mit Wasser bestreichen und mit Sesam bestreuen. Das Brot bei einer Temperatur von 250 °C in den Ofen geben. Ein Gefäß mit Wasser hineingeben und bei einer Temperatur von 180 °C fertig backen.

Die Backzeit beträgt ca. 60 – 70 Minuten.

Dinkel-Zwiebel-Brot

1 Brot mit ca. 1.250 g

800 g Dinkelvollkornmehl, fein gemahlen
ca. 550 g Wasser, 35 °C
20 g Salz, 50 g Hefe
20 g Butter, 3 Zwiebeln

ca. 1.440 g Gesamtteig

Zwiebeln in kleine Würfel schneiden und in Butter andünsten.

Die Hefe im Wasser auflösen und mit den anderen Zutaten zu einem Teig mischen. Die Zwiebelwürfel erst zum Schluss dazugeben. Gibt man sie bereits am Anfang dazu, so verschmieren sich die angerösteten Zwiebeln im Teig; es entsteht eine dunkle Krume. Das Brot wird beim Anschneiden unansehlich. Bei einem richtig hergestellten Dinkel-Zwiebel-Brot heben sich die angerösteten Zwiebelstücke deutlich vom Teig ab.

Den Teig 40 Minuten liegen lassen und aufarbeiten. Das Teigstück rundwirken, fünf Minuten liegen lassen und zu einem Wecken formen. Auf ein gefettetes Backblech setzen und ca. 25 Minuten gären lassen. Mit Wasser bestreichen, danach mit einem scharfen Messer die Oberfläche kreuzweise einen Zentimeter tief einschneiden. Dadurch entsteht die kräftige Kruste.

Das Brot bei einer Temperatur von 230 °C in den Ofen schieben, ein Gefäß mit Wasser dazustellen und bei einer Temperatur von 190 °C fertig backen.

Die Backzeit beträgt ca. 60 – 70 Minuten.

Dinkel-Zwiebel-Brot ist sehr knusprig und schmeckt ofenfrisch am besten.

Dinkel-Kräuter-Brot

2 Brote mit ca. 800 g

800 g Dinkelvollkornmehl, fein gemahlen
ca. 450 g Wasser, 15 g Salz, 40 g Hefe
50 g Butter, 40 g Petersilie
40 g Schnittlauch, 40 g Dille, 1 Zwiebel
2 Knoblauchzehen, 5 g Kräutersalz
250 g Topfen, ca. 100 g Obers (Sahne)

ca. 1.835 g Gesamtteig

Kräutermischung: Kräuter, Zwiebel und Knoblauch klein hacken. Butter, Obers (Sahne) und Kräutersalz schaumig schlagen und die klein gehackten Kräuter unterziehen.

Die Hefe im Wasser auflösen und mit allen anderen Zutaten zu einem Teig mischen. Die Kräutermischung zum Schluss unter den Teig mischen. Den Teig 40 Minuten liegen lassen und dann gleich aufarbeiten. In zwei Teile aufteilen, rundwirken und 5 Minuten entspannen lassen. Dann zu Wecken formen und mit dem Schluss auf ein gefettetes Blech setzen.

Nach einer Gare von ca. 40 Minuten die Wecken in der Längsrichtung tief einschneiden. Dadurch bekommt das Kräuterbrot ein sehr rustikales Aussehen. Im vorgeheizten Ofen bei einer Temperatur von 240 °C in den Ofen geben. Ein Gefäß mit Wasser hineinstellen, vorsichtig etwas Wasser in das Backrohr schütten und bei einer Temperatur von 180 °C fertig backen. Die Backzeit beträgt ca. 50 Minuten.

Das Dinkel-Kräuter-Brot, mit Butter oder Gervais bestrichen, dazu eine Salatplatte, ist ein gesundes und kalorienarmes Essen.

Dinkel-Soja-Brot

3 Brote mit ca. 500 g

500 g Dinkelvollkornmehl, fein gemahlen
350 g Sojaschrot, grob gemahlen
ca. 700 g Wasser, 25 °C
30 g Hefe, 20 g Salz, 150 g Sauerteig

ca. 1.750g Gesamtteig

350 Gramm Sojaschrot in 500 Gramm Wasser (25 °C) zwei Stunden vor dem Teigmischen einweichen.

Salz und Hefe in 200 Gramm Wasser auflösen und mit Dinkelmehl, eingeweichtem Sojaschrot und dem Sauerteig zu einem Teig mischen. Den Teig 20 Minuten rasten lassen und noch einmal kräftig durchmischen. Nach einer weiteren Teigruhe von 20 Minuten aufarbeiten.

Den Dinkel-Soja-Brot-Teig in drei gleich große Teile teilen, rundwirken und mit dem Schluss nach unten auf ein gefettetes Backblech setzen. Man kann die drei rundgewirkten Teile vor dem Backen mit Wasser bestreichen und in Vollkornmehl wälzen, dadurch erhält das Brot ein schöneres Aussehen. Auf dem Backblech 40 Minuten gären lassen. Vor dem Backen mit einem scharfen Messer einen Zentimeter tiefe Längs- und Querschnitte einschneiden und in den Ofen geben. Die Anfangstemperatur soll 250 °C, die Ausbacktemperatur 180 °C betragen.
Die Backzeit beträgt ca. 45 Minuten.

Dinkel-Soja-Brot ist kalorienärmer und enthält weniger Kohlenhydrate als andere Brotsorten, daher kann dieses Brot auch Diabetikern empfohlen werden.

Dinkel-Zwieback mit Anis

ca. 300 g Zwieback

300 g Dinkelvollkornmehl, fein gemahlen
150 g Honig
3 ganze Eier
6 Dotter (Eigelb)
ca. 20 g Anis
Schale einer ungespritzten Zitrone, gerieben
Butter zum Fetten

ca. 470 g Gesamtteig

Das Backblech fetten und mit Dinkelvollkornmehl stauben.

Eier, Dotter (Eigelbe) und Honig schaumig rühren. Das Dinkelvollkornmehl mit Anis mischen und unter die Eier-Dotter-Honig-Masse heben. Die Masse mit dem Dressiersack in Stangen (ca. zwei Zentimeter breit) aufdressieren. Mit einem mit wenig Wasser verdünnten Ei bestreichen und hellbraun backen. Die Backtemperatur beträgt 190 °C.

Die Zwiebackstangen zwei Tage lang liegen lassen, dann in schräge, ca. fünf Millimeter dicke Scheiben schneiden und beiderseits bähen (leicht rösten).

In der Diätküche ist Zwieback ein wesentlicher Bestandteil.

Dinkel-Buchteln (Hefegebäck)

25 Stück

500 g Dinkelmehl, frisch gemahlen
ca. 250 g Milch
75 g Honig
90 g Butter
40 g Hefe
2 Dotter (Eigelb)
5 g Salz
Zitronenschale, gerieben
Marmelade zum Füllen

ca. 1.000 g Gesamtteig

Hefe und Salz in Milch auflösen und mit den restlichen Zutaten zu einem eher weichen Teig verarbeiten. Die Mischzeit um ca. 2 Minuten verkürzen.

Den Buchtelteig ca. 20 Minuten zugedeckt liegen lassen und anschließend 30 x 30 cm ausrollen. In 5 x 5 cm Teile schneiden und mit Marmelade füllen. Je nach Geschmack nimmt man Powidl, Marillen- (Aprikosen-), oder Erdbeermarmelade.

Die vier Ecken der einzelnen Teigstücke so zusammendrücken, dass die Marmelade nicht auslaufen kann. Jede einzelne Buchtel wird mit Butter bestrichen und mit dem Schluss nach unten in eine Pfanne gelegt.

Die Buchteln ca. 30 – 35 Minuten aufgehen lassen und bei 170 °C ca. 30 Minuten backen.

Nach dem Ausbacken mit zerlassener Butter bestreichen.

Dinkelbrot mit 9 Körnern

4 Brote mit ca. 600 g

600 g Dinkelvollkornmehl, fein gemahlen
150 g Roggenvollkornmehl, fein gemahlen
100 g Hafervollkornmehl, fein gemahlen
100 g Gerstenvollkornmehl, fein gemahlen
100 g Maisvollkornmehl, fein gemahlen
100 g Hirsevollkornmehl, fein gemahlen
100 g Reisvollkornmehl, fein gemahlen
100 g Quinoa, fein gemahlen
100 g Amaranth, fein gemahlen
ca. 950 g Wasser
70 g Hefe
40 g Salz
100 g Getreidekeimöl
100 g Sauerteig

ca. 2.710 g Gesamtteig

Hefe, Salz und Sauerteig im Wasser auflösen und mit den anderen Zutaten zu einem weichen Teig mischen. Nach einer Teigruhe von 40 Minuten aufarbeiten. Den Teig in vier gleich große Teile teilen, rundwirken und kurze Wecken formen.

Die Oberfläche in Vollkornmehl wälzen und in eine Brotbackform legen. Ca. 40 Minuten gären lassen und im vorgeheizten Ofen bei einer Temperatur von 260 °C einschieben. Ein Wassergefäß braucht nicht hineingegeben werden.

Die Ausbacktemperatur soll 190 °C betragen. Die Backzeit beträgt ca. 60 Minuten.

Dinkel-Roggen-Mischbrot

mit ca. 1.350 g

450 g Dinkelvollkornmehl, fein gemahlen
300 g Roggenvollkornmehl, grob gemahlen
ca. 600 g Wasser
15 g Salz
15 g Hefe
150 g Sauerteig

ca. 1.530 g Gesamtteig

Hefe, Salz und Sauerteig im Wasser auflösen und mit den restlichen Zutaten zu einem Teig verarbeiten. Den Teig so lange mischen, bis er geschmeidig ist und sich von der Schüssel löst. Mit Vollkornmehl bestauben, zudecken und eine halbe Stunde an einem warmen Ort aufgehen lassen. Nach dieser Ruhezeit noch einmal kräftig durchkneten. Abermals zehn Minuten liegen lassen und dann zu einem Laib oder Wecken formen. Für eine schöne Form legt man den Teig in ein gestaubtes Backkörbchen. Mit einem Tuch abdecken und warmstellen. Man kann das Teigstück aber auch auf ein befettetes Backblech setzen. Durch den relativ hohen Anteil an Roggenmehl besteht allerdings die Gefahr, dass der Teig zu fließen beginnt und daher das Brot eine flache Form bekommt.

Nach einer Gärdauer von ca. 40 Minuten bei einer Temperatur von 250 °C in den Ofen schieben, Gefäß mit Wasser hineinstellen und vorsichtig Wasser hineinschütten. Ausgebacken wird das Brot bei 180 °C. Die Backdauer beträgt ca. 75 Minuten. Nach dem Ausbacken das Brot wieder mit Wasser bestreichen, damit ein schöner Glanz entsteht.

Dinkel-Fladen mit Knoblauch

6 Fladen mit ca. 230 g

500 g Dinkel
150 g Grünkernmehl, fein gemahlen
100 g Sojamehl
ca. 550 g Wasser
20 g Salz
50 g Hefe
10 g Fenchel
50 g Butter
70 g Knoblauch, klein gehackt oder gepresst

ca. 1.550 g Gesamtteig

Fenchel gemeinsam mit dem Dinkel mahlen. Das Brot schmeckt dadurch aromatischer.

Die Hefe im Wasser auflösen und mit den anderen Zutaten einen Teig mischen. Butter erst zum Schluss dazugeben. Der Teig muss sehr weich sein! Nach dem Mischen ca. 20 Minuten liegen lassen, noch einmal kräftig durchkneten und nach einer weiteren Teigruhe aufarbeiten.

Den Teig nun in sechs gleiche Teile aufteilen, rundwirken und ca. 15 Minuten liegen lassen. Dann mit der flachen Hand breit drücken, so dass das Teigstück nicht höher als einen Zentimeter ist. Auf ein befettetes Backblech geben, ca. 40 Minuten gären lassen und vor dem Backen mit einer Stricknadel anstechen.

Einschieben bei 220 °C, Gefäß mit Wasser hineingeben. Wasser ins Rohr schütten und bei einer Ausbacktemperatur von 170 °C ca. 40 Minuten fertig backen.

Dinkel-Nuss-Brot

3 Brote mit ca. 700 g

650 g Dinkelvollkornmehl, fein gemahlen
300 g Roggenvollkornmehl, fein gemahlen
ca. 750 g Wasser, 35 °C
50 g Hefe
30 g Salz
300 g Walnüsse und Haselnüsse
100 g Butter
100 g Sauerteig

ca. 2.280 g Gesamtteig

Hefe, Salz und Sauerteig im Wasser auflösen und mit den anderen Zutaten zu einem Teig verarbeiten. Den Teig so lange mischen, bis er geschmeidig ist und sich von der Schüssel löst. Erst in diesen plastischen Teig die Nüsse kurz untermischen. Den Teig 30 Minuten rasten lassen. In drei gleich große Stücke teilen und rundwirken.

Nach fünf Minuten Ruhezeit die Teigstücke zu eher langen Wecken formen und auf gefettete Backbleche setzen. Diese ca. 30 Minuten gären lassen, dann mit einem Messer in der Längsrichtung einen tiefen Schnitt von zwei Zentimetern machen. Ohne Wasser in den vorgeheizten Ofen (240 °C) hineingeben. Wasser braucht man auch nicht hineinzuschütten, das Brot soll ein sehr rustikales Aussehen erhalten.

Die Ausbacktemperatur soll 180 °C betragen. Die Backdauer beträgt ca. 40 Minuten.

Dinkel-Jogurt-Brot

2 Laibe mit ca. 700 g

750 g Dinkel
ca. 100 g Wasser
15 g Salz
60 g Hefe, 30 g Butter, 10 g Anis
3 Becher Jogurt (ca. 550 g)

ca. 1.515 g Gesamtteig

Dinkel mit Anis mischen und fein mahlen.

Die Hefe im Wasser auflösen und mit den anderen Zutaten zu einem Teig mischen. Auch Jogurt gleich untermischen.

Den Teig 40 Minuten liegen lassen und dann kräftig ausstoßen. Nach einer weiteren Teigruhe von 15 Minuten aufarbeiten. Teig in zwei Teile aufteilen, rundwirken, zehn Minuten liegen lassen.

Noch einmal rundwirken, die zwei Laibe auf ein befettetes Backblech legen. Nach ca. 40 Minuten Gärzeit die Laibe mit einem Messer in der Mitte einmal kräftig einschneiden. In den Schnitt etwas Anis streuen. Das Aroma des Gewürzes zieht sich in das Innere des Jogurtbrotes. Im vorgeheizten Ofen bei einer Temperatur von 230 °C backen. Gefäß mit Wasser in den Ofen stellen, vorsichtig etwas Wasser hineinschütten. Bei einer Ausbacktemperatur von 180 °C fertig backen.

Die Backdauer beträgt ca. 50 Minuten.

Das Brot hat den typischen Jogurtgeschmack. Durch die Milchsäure werden die Backeigenschaften des Dinkelvollkornteiges verbessert. Die Milchsäure verbessert auch den Schutz gegen Schimmel.

Dinkel-Vintschgerln
(Weckerln aus dem Vintschgau)

8 Vintschgerln mit ca. 220 g

700 g Dinkelvollkornmehl, fein gemahlen
300 g Roggenvollkornmehl, fein gemahlen
ca. 750 g Wasser
10 g Fenchel, gemahlen
20 g Salz
20 g Hefe
100 g Sauerteig

ca. 1.900 g Gesamtteig

Hefe, Salz und Sauerteig im Wasser auflösen und mit den anderen Zutaten zu einem Teig mischen. Der Teig soll eine weiche Konsistenz aufweisen. Den Teig 20 Minuten ruhen lassen. Dann noch einmal kräftig durchkneten. Nach einer weiteren Teigruhe von 30 Minuten aufarbeiten. In acht gleich große Stücke teilen, rundwirken und fünf Minuten liegen lassen. Nach dieser kurzen Ruhezeit die Vintschgerln mit der flachen Hand in aufgestaubtem Vollkornroggenmehl breit drücken. Die Gärdauer beträgt ca. 50 Minuten, damit die Vintschgerln beim Gären breit laufen.

Bei einer Temperatur von 230 °C in den Ofen schieben und bei 180 °C fertig backen.
Die Backzeit beträgt ca. 30 Minuten.

Vor dem Backen ein Gefäß mit Wasser in den Ofen stellen und vorsichtig etwas Wasser ins Rohr schütten.

Dinkel-Gewürzbrot grob

4 Brote mit ca. 700 g

700 g Dinkelvollkornmehl, grob gemahlen
350 g Roggenvollkornmehl, grob gemahlen
ca. 1.300 g Wasser, 35 °C
30 g Hefe, 25 g Salz, 350 g Dinkelkörner
15 g Koriander, ganz; 15 g Kümmel, ganz; 15 g Fenchel, ganz
40 g Leinsamen, 150 g Sauerteig

ca. 2.990 g Gesamtteig

350 Gramm Dinkelkörner in 500 Gramm Wasser einweichen und bei mäßiger Temperatur ca. drei Stunden quellen lassen, damit es leichter verdaulich wird. 40 g Leinsamen in 100 Gramm Wasser einweichen.

Hefe, Salz und Sauerteig in Wasser auflösen und mit sämtlichen anderen Zutaten einschließlich Gewürzen zu einem Teig mischen. Den Teig ca. 30 Minuten stehen lassen und noch einmal kräftig durchkneten. Nach einer weiteren Teigruhe von 30 Minuten aufarbeiten. Den Teig in vier gleich schwere Teile aufteilen, rundwirken, in grob gemahlenem Dinkelschrot wälzen und mit dem Schluss nach unten auf ein gefettetes Blech setzen. Die Gärzeit soll ca. 30 Minuten betragen. Vor dem Einschieben auf der Oberfläche einen zwei Zentimeter tiefen Kreuzschnitt machen. Bei einer Temperatur von 260 °C in den Ofen schieben, Wassergefäß hineinstellen, vorsichtig etwas Wasser hineinschütten und bei einer Ausbacktemperatur von 180 °C fertig backen.
Die Backzeit beträgt ca. 60 Minuten.

Allen, die kräftig gewürztes und nicht allzu dunkles Brot schätzen, wird dieses Gewürzbrot schmecken.

Dinkelbrot mit Sonnenblumenkernen

3 Brote mit ca. 700 g

650 g Dinkelvollkornmehl, fein gemahlen
350 g Roggenvollkornmehl, fein gemahlen
ca. 850 g Wasser, 25 °C, 30 g Hefe, 30 g Salz, 250 g Sonnenblumenkerne, 120 g Sauerteig

ca. 2.280 g Gesamtteig

250 Gramm Sonnenblumenkerne in 300 Gramm Wasser (25 °C) einweichen. Stehdauer ca. zwei Stunden.

Hefe, Salz und Sauerteig in Wasser auflösen und mit allen Zutaten zu einem mittelfesten Teig verarbeiten. Den Teig so lange mischen, bis er geschmeidig ist und sich von der Schüssel löst. Teigruhe: 20 Minuten. Noch einmal vorsichtig durchkneten, damit die Sonnenblumenkerne nicht zerquetscht werden. Nach einer weiteren Ruhe von 20 Minuten den Teig in drei gleiche Teile teilen und rundwirken.

Diese rundgewirkten Teigstücke auf befettete Backbleche setzen, mit Vollkornmehl bestauben und die Form einer Sonne eingravieren. Die Oberfläche mit Wasser bestreichen und mit Sonnenblumenkernen bestreuen. Bei 250 °C in den Ofen geben. Ein Gefäß mit Wasser in den Ofen stellen und vorsichtig Wasser in das Rohr schütten. Den Teig bei einer Temperatur von 180 °C fertig backen.

Die Backzeit beträgt ca. 55 Minuten. Die eingeweichten Sonnenblumenkerne geben dem Brot einen sehr guten Geschmack.

Dinkel-Hafer-Brot

2 Brote mit ca. 730 g

350 g Dinkelvollkornmehl, fein gemahlen
350 g Hafervollkornmehl, grob gemahlen
150 g Sojaschrot
10 g Koriander, gemahlen
40 g Hefe
20 g Salz
ca. 650 g Wasser

ca. 1.570 g Gesamtteig

Hefe und Salz im Wasser auflösen und mit den anderen Zutaten zu einem festen Teig verarbeiten. Den Teig 30 Minuten rasten lassen und dann noch einmal kräftig durchkneten. Nach einer weiteren Teigruhe von 30 Minuten aufarbeiten. Haferbrot ist eine besondere Brotsorte, daher wählen Sie auch eine besondere Form. Nehmen Sie zwei Konservendosen mit einer Höhe von je zehn Zentimetern und einem Durchmesser von sieben Zentimetern. Bestreichen Sie diese innen mit Butter und streuen Sie sie mit Haferflocken aus. Den Teig in zwei Teile teilen, eine länglich ovale Form wirken und in beide Dosen einfüllen. 40 Minuten gären lassen. Bei einer Temperatur von 250 °C in den Backofen schieben und bei 180 °C fertig backen. Die Backzeit beträgt ca. 70 Minuten.

Dieses Brot eignet sich hervorragend für eine gesunde und schlank machende Ernährung, da es wichtige Ballaststoffe enthält.

Mohntorte mit Dinkelmehl

200 g Butter
300 g Honig
2 Eier
200 g Dinkelmehl, fein gemahlen
250 g Mohn, frisch gemahlen
7 g Backpulver
1/4 l Milch
Prise Salz
150 g Ribiselmarmelade
(Johannisbeermarmelade)

ca. 1.307 g Gesamtmasse

Butter, Honig und Salz schaumig rühren. Eier nach und nach beigeben. Weiterrühren bis ein Volumenzuwachs erreicht wird. Dinkelmehl, Mohn und Backpulver trocken mischen und mit 1/4 l Milch in die aufgeschlagene Masse rühren.

In eine gefettete und mit Mehl gestaubte Tortenform einfüllen. Im vorgeheizten Backrohr bei 170 °C ca. 50 – 60 Minuten backen.

Nach dem Auskühlen wird die Mohntorte in der Mitte durchgeschnitten und mit Ribiselmarmelade gefüllt.

Vor dem Anschneiden die Mohntorte in den Kühlschrank stellen, um die Schnittfestigkeit zu erhöhen.

Dinkel-Krapfen mit Marillenmarmelade (Aprikosenmarmelade)

ca. 25 Stück

1.000 g Dinkelvollkornmehl, fein gemahlen
140 g Honig, 160 g Butter
6 Dotter (Eigelb)
80 g Hefe
15 g Salz
ca. 600 g Milch
30 g Rum
abgeriebene Schale einer ungespritzten Zitrone
Vanille
Marillenmarmelade (Aprikosenmarmelade)
Erdnussfett

ca. 2.025 g Gesamtteig

Mit 250 Gramm gewärmter Milch, Hefe und ca. 250 Gramm Dinkelvollkornmehl einen Vorteig (»Dampfl«) machen. Gut zugedeckt ca. 20 – 30 Minuten stehen lassen, bis die bestaubte Oberfläche Risse zeigt.

Hefe und Honig in der restlichen erwärmten Milch auflösen und mit dem »Dampfl«, dem Rum und dem restlichen Vollkornmehl zu einem Teig mischen. Eidotter mit Salz verrühren und langsam beigeben. Im letzten Drittel des Verrührens wird die locker aufgeschlagene Butter dazugegeben.
Den »gedampfelten« Teig nach dem Mischen ca. 20 Minuten liegen lassen, noch einmal kräftig durcharbeiten und nach einer weiteren Teigruhe von 20 Minuten aufarbeiten. Den Teig auf einem mit Vollkornmehl bestaubten Brett ca. 1,5 Zentimeter dick ausrollen. Scheiben mit ca. sechs bis sieben Zentimeter Durchmesser ausstechen. Auf die Hälfte der Scheiben Marillenmarmelade dressieren, mit den leeren Scheiben belegen und die Ränder gut abdrücken.
Mit einem feuchten Tuch abdecken und an einem warmen Ort gären lassen. Krapfen brauchen eine feuchte, dunstig warme Gare.

Vor dem Herausbacken in Fett ist eine Hautbildung erwünscht, weil die Krapfen dadurch einen besseren Stand bekommen. Nach ca. zehn Minuten »kühler« Gare die Krapfen im Erdnussfett bei einer Temperatur von 160 °C goldbraun backen.

Die richtige Backtemperatur ist erreicht, wenn Sie ein paar Tropfen Wasser ins Fett hineinfallen lassen und es zischt.

Ein Tipp:
Wenden Sie die Krapfen zweimal. Die Oberfläche wird dadurch stabiler, und Sie beugen dem gefürchteten »Schrumpfen« vor.

Dinkel-Tascherln mit Lauch-Tofu-Fülle

15 Stück Dinkeltascherln

500 g Dinkelvollkornmehl, fein gemahlen
ca. 200 g Wasser
45 g Hefe, 15 g Salz, 1 Ei
100 g Butter, 25 g Honig

ca. 935 g Gesamtteig

Fülle:
300 g Lauch, 200 g Zwiebeln
100 g Tofu, geräuchert, 80 g Käse, gerieben
100 g Rahm (saure Sahne)
1 Prise Salz und Pfeffer

ca. 780 g Gesamtfülle

Hefe und Salz im Wasser auflösen, die restlichen Zutaten dazugeben und zu einem glatten Teig mischen.

Für die Fülle Lauch und Zwiebeln in Streifen schneiden und kurz anrösten. Nach dem Auskühlen die restlichen Zutaten daruntermischen.

Den Teig nach 15 Minuten Teigruhe rechteckig ausrollen (50 x 30 cm), in 15 quadratische Teile einteilen (10 x 10 cm) und mit einem Küchenmesser schneiden. Die Fülle mit einem Löffel oder Dressiersack in die Mitte der quadratischen Teigstücke geben. Die Teigstücke so zusammenlegen, dass die Lauchfülle nicht auslaufen kann. Fertige Lauchtascherln auf befettete Backbleche setzen, mit Ei bestreichen und mit Pizzakäse bestreuen.

Nach 45 Minuten Gärzeit im vorgeheizten Backrohr bei 180 °C ca. 20 Minuten backen.

Dinkel-Palatschinken mit Nussfülle

200 g Dinkelvollkornmehl, fein gemahlen
1 Dotter (Eigelb)
2 Eier
Milch
Salz

Fülle:
200 g Nüsse
100 g Honig
Milch
1 Schuss Rum

Dinkelmehl mit Eiern, Dotter (Eigelb), Milch und Salz zu einem mittelfesten Palatschinkenteig (Pfannkuchenteig) anrühren. 1/2 – 1 Stunde quellen lassen.

Für die Nussfülle die Nüsse mit Milch und Honig mischen. Die Fülle hat eine sehr weiche Konsistenz. Unter ständigem Rühren kurz aufkochen und abkühlen lassen. Mit Rum abschmecken.

Palatschinkenmasse vor der Verwendung noch einmal kurz durchmischen. In heißem Fett herausbacken, mit der Nussfülle füllen, einrollen und mit geriebenen Nüssen bestreuen.

Dinkel-Gemüsepizza

4 Stück

500 g Dinkelmehl, fein gemahlen
ca. 220 g Wasser, 50 g Olivenöl, 30 g Hefe,
10 g Salz, Oregano, 1 Dotter (Eigelb)

ca. 860 g Gesamtteig

ca. 600 g Gemüse, gekocht; Tomatenmark
Pizzakäse, Oregano, 1 Zwiebel

Hefe und Salz werden im Wasser aufgelöst und mit den anderen Zutaten zu einem Teig gemischt. Teig nicht zu fest halten. Pizzateig ist ein etwas weicherer Teig. Teig so lange mischen, bis er sich von der Schüssel löst.

Den Teig nach dem Mischen in vier gleich große Stücke teilen und rundwirken. Auf eine mit Mehl bestaubte Unterlage geben und mit einem Tuch zudecken, damit der Teig keine Haut bekommt. 45 Minuten rasten lassen.

Das Gemüse kochen und klein schneiden. Bei der Auswahl des Gemüses achten Sie bitte auf farblich verschiedene Sorten (Karotten, Brokkoli, Mais, Artischocken, Zwiebel usw.), damit die Pizza auch ein »Augenschmaus« wird.

Die Pizzateigstücke werden zuerst mit einem Rollholz etwas ausgerollt und dann mit der Hand weiter ausgezogen, damit die Pizza innen dünn und außen dick wird. Nun wird die Pizza mit Tomatenmark bestrichen, mit Gemüse belegt und mit Pizzakäse bestreut. Zum Schluss kommt Oregano auf die Pizza.

Im vorgeheizten Ofen bei 250 – 270 °C + Heißluft ca. 3 – 5 Minuten backen.

Nach dem Ausbacken können Sie (je nach Geschmack) die Pizza am Rand mit einem Olivenöl-Knoblauch-Gemisch bestreichen.

Lebkuchen aus Dinkelmehl

420 g Honig
450 g Dinkelmehl, fein gemahlen
150 g Mandeln, gehobelt
Saft von 1 Zitrone
50 g Aranzini
10 g Zimt, 4 g Potasche
6 g Amonium
1 Ei
Mandeln, Nüsse, Kirschen
zum Belegen

ca. 1.120 g Gesamtmasse

Honig wird bis kurz vor dem Kochen erhitzt. Gut auskühlen lassen und mit allen anderen Zutaten zu einem festen Teig mischen.

Danach geben Sie den Lebkuchenteig für ca. 2 – 3 Stunden in den Kühlschrank.

Nun wird der Lebkuchenteig auf einer Arbeitsplatte auf ca. 5 mm Stärke ausgerollt. Dieser Lebkuchenteig eignet sich für alle möglichen Ausstechformen (Sterne, Ringe, Figuren, usw.).

Die ausgestochenen Lebkuchenstücke werden auf ein Backblech mit Trennpapier gesetzt, mit verquirltem Ei bestrichen und je nach Wunsch mit gehobelten Mandeln bestreut oder mit Nüssen oder Kirschen belegt.

Diesen Lebkuchen können Sie auch als Christbaumbehang verwenden, indem Sie vor dem Backen kleine Löcher in Ihre Lebkuchenformen stanzen.

Der Lebkuchen wird bei 170 °C ca. 9 – 12 Minuten gebacken.

Grünkern-Rezepte

Grünkern-Suppe

3 Karotten
1 Stange Porree
3 Stängel Sellerie
1 große Zwiebel
2 Zehen Knoblauch
3 EL Olivenöl
100 g Grünkerne, grob gemahlen
1,5 l Gemüsebrühe
Fruchtfleisch von 2 Tomaten
60 g Parmesan
1 Lorbeerblatt
1 Zweig Thymian

Karotten, Sellerie und Porree werden geputzt, gewaschen und geschnitten. Zwiebel und Knoblauch schälen und klein hacken. Grünkernschrot in Olivenöl anrösten, das vorbereitete Gemüse, Zwiebel und Knoblauch beigeben und ca. 5 – 10 Minuten dünsten. Mit Gemüsebrühe aufgießen. Thymian und Lorbeerblatt dazugeben und 30 Minuten kochen lassen. Thymian und Lorbeerblatt wieder entfernen und geriebenen Parmesan und Fruchtfleisch der Tomaten unter die Suppe ziehen.

Grünkern-Weckerln mit Käse

ca. 30 Stück Weckerln

300 g Grünkernmehl, frisch gemahlen
700 g Dinkelmehl, frisch gemahlen
ca. 700 g Wasser
60 g Hefe
20 g Salz
10 g Butter
Butterkäse oder Pizzakäse

ca. 1.790 g Gesamtteig

Hefe und Salz im Wasser auflösen und mit den restlichen Zutaten zu einem Teig verarbeiten. Butter erst im letzten Drittel zugeben. Den Teig 30 Minuten ruhen lassen. Teigstücke mit 60 g abwiegen, rundwirken und Weckerln formen. Sofort auf ein befettetes Backblech geben und ca. 40 Minuten aufgehen lassen. Danach schneiden Sie die Weckerln 1 cm tief der Länge nach ein und füllen diesen Schnitt mit Käse.

Geben Sie die Käse-Grünkern-Weckerln bei 250 °C in den vorgeheizten Ofen. Ein Wassergefäß dazustellen. Nach 2 Minuten auf 210 °C zurückdrehen. Die Backzeit beträgt ca. 20 Minuten.

Grünkern-Weckerln mit Nüssen und Rosinen

300 g Grünkernmehl
700 g Dinkelmehl
ca. 650 g Wasser
120 g Honig
100 g Butter
25 g Salz
1 Ei
80 g Hefe
200 g Nüsse, gehackt
200 g Rosinen
Kokosraspeln zum Bestreuen

ca. 2.375 g Gesamtteig

Hefe im Wasser auflösen und mit Salz, Ei und Honig vermischen. Mit Grünkern und Dinkelmehl zu einem Teig verarbeiten. Butter erst im letzten Drittel des Mischvorganges beifügen. Erst wenn Sie fertig geknetet haben, Nüsse und Rosinen unter den Teig mischen.

Den Teig ca. 20 – 25 Minuten rasten lassen und in 80 g schwere Teigstücke teilen, rundschleifen und Weckerln formen. Mit Wasser bestreichen und mit Kokosraspeln bestreuen.

Die Grünkernweckerln ca. 30 – 40 Minuten aufgehen lassen und im vorgeheizten Backofen bei 220 °C backen. Ein Wassergefäß in den Ofen stellen.

Die Backzeit beträgt ca. 20 – 25 Minuten. Nach 2 Minuten die Hitze auf 200 °C zurückdrehen.

Grünkern-Auflauf mit Käse

1 l Gemüsesuppe
250 g Grünkernmehl, grob gemahlen
25 g Sonnenblumenkernöl
100 g geriebener Käse
1 Zwiebel
etwas Petersilie
1 TL Kräutersalz

Das grob gemahlene Grünkernmehl wird mit der Gemüsesuppe zu einem dicken Brei gekocht. Die Zwiebel wird klein gehackt und in Sonnenblumenkernöl leicht angeröstet. Zum Schluss Kräutersalz und Petersilie dazumischen.

Der Grünkernmehlbrei und die angeröstete Zwiebelkräutermischung vermischen und lagenweise abwechselnd mit Käse in eine gefettete Backform füllen. Anschließend im vorgeheizten Backrohr bei 170 °C ca. 30 Minuten backen. Kurz überkühlen lassen und stürzen.

Servieren Sie dazu Gemüse oder frischen Salat.

Grünkern-Sauerkraut-Brot

2 Brote à 750 g

200 g Sauerkraut
200 g Grünkernmehl
550 g Dinkelmehl
ca. 550 g Wasser
30 g Hefe
20 g Salz
100 g Sauerteig
1/2 TL Brotgewürz, fein gemahlen
Sesam und Leinsamen zum Verzieren

ca. 1.650 g Gesamtteig

Hefe und Salz im Wasser auflösen, Sauerteig, Brotgewürz und Dinkelmehl dazugeben und zu einem glatten, mittelfesten Teig verarbeiten. Sauerkraut erst kurz vor Mischende dazugeben.

Die Teigruhe vor dem Aufarbeiten beträgt 45 Minuten.

Den Teig in 2 gleich große Stücke teilen, rundwirken und auf ein Blech setzen.

Mit Wasser bestreichen und mit Sesam und Leinsamen bestreuen. Nach der Formgebung den Teig ca. 20 – 25 Minuten ruhen lassen.

Den Ofen auf ca. 250 °C vorheizen. Ein Gefäß mit Wasser hineinstellen und das Brot in den Ofen geben. Nach 5 Minuten die Temperatur auf 190 °C reduzieren.

Die Backzeit beträgt ca. 50 – 55 Minuten.

Amaranth-Rezepte

Amaranth-Brot mit Dinkel und Roggen

2 Stück à 800 g

300 g Amaranthmehl, frisch gemahlen
550 g Dinkelmehl, frisch gemahlen
150 g Roggenmehl, frisch gemahlen
ca. 700 g Wasser
20 g Salz
50 g Hefe
50 g Sauerteig

ca. 1.820 g Gesamtteig

Hefe, Salz und Sauerteig im Wasser auflösen und mit den restliche Zutaten zu einem Teig mischen. Die Teigruhe vor dem Aufarbeiten beträgt ca. 30 Minuten. Der Teig wird in 2 gleich große Teile geteilt, rund gewirkt und mit dem Schluss nach unten sofort auf das gefettete Backblech gesetzt. Danach streichen Sie die Amaranthlaibe mit Wasser an und bestreuen sie mit gemahlenen oder ganzen Amaranthkörnern. Die Teigruhe vor dem Backen beträgt 35 – 45 Minuten. Das Brot wird vor dem Backen zweimal ca. 2 cm tief eingeschnitten und bei 250 °C in das vorgeheizte Backrohr gegeben. Nach 3 Minuten auf 190 °C zurückdrehen und ca. 50 – 55 Minuten lang backen.

Amaranth-Kleingebäck-Variationen

ca. 30 Stück

350 g Amaranthmehl
650 g Dinkelmehl
ca. 700 g Wasser
50 g Hefe
20 g Salz
10 g Butter

ca. 1.780 g Gesamtteig

Hefe und Salz im Wasser auflösen und mit den restlichen Zutaten zu einem mittelfesten Teig mischen. Den Amaranthteig nach 20 Minuten aufarbeiten und in 60 g schwere Teigstücke auswiegen. Machen Sie verschiedene Formen Laibchen, Weckerln oder Brezerln. Bestreuen Sie diese mit Mohn, Sesam, Hirse, Leinsamen, Sonnenblumenkernen, Kürbiskernen oder auch mit Käse.

Sie erhalten für Ihr Frühstück, Mittag- oder Abendessen eine optische und geschmackliche Sortenvielfalt.

Die verschiedenen Gebäckstücke 30 Minuten stehen lassen und anschließend mit einer Schüssel Wasser in den vorgeheizten Backofen geben. Die Backtemperatur beträgt 230 °C. Nach 3 Minuten auf 210 °C zurückdrehen.
Die Backzeit beträgt 20 Minuten.

Alle Gebäckstücke, auch wenn sie verschieden aussehen, haben die gleiche Backzeit.

Amaranth-Brot mit Kürbiskernen

3 Brote à 700 g

250 g Amaranthmehl, frisch gemahlen
250 g Roggenmehl, frisch gemahlen
500 g Dinkelmehl, frisch gemahlen
350 g Kürbiskerne
70 g Hefe
ca. 750 g Wasser
30 g Salz
10 g Brotgewürze, gemischt und gemahlen
100 g Sauerteig

ca. 2.310 g Gesamtteig

Hefe und Salz im Wasser auflösen und mit den restlichen Zutaten zu einem eher weichen Teig verarbeiten. 30 Minuten Teigruhe und anschließend aufarbeiten.

Kürbiskernbrotteig auf 3 gleich große Stücke aufteilen und rundwirken. 2 – 3 Minuten rasten lassen. Wecken formen, mit Wasser bestreichen und mit Kürbiskernen bestreuen. Auf ein befettetes Backblech geben und der Länge nach einschneiden. Ca. 30 Minuten aufgehen lassen. Den Ofen auf 260 °C vorheizen, ein Gefäß mit Wasser hineinstellen und das Brot in den Ofen geben.

Nach 5 Minuten auf 190 °C zurückschalten und ca. 55 – 60 Minuten lang backen.

Rosinenbrioche mit Amaranth

2 Brioches à 600 g

150 g Amaranthmehl
450 g Dinkelmehl
150 g Butter
100 g Honig
ca. 250 g Milch (30 °C)
50 g Hefe
100 g Rosinen, in Rum eingeweicht
4 Dotter (Eigelb)
abgeriebene Zitronenschale
1 Prise Salz

ca. 1.330 g Gesamtteig

Hefe und Salz in Milch auflösen und mit den restlichen Zutaten, außer Butter und Rosinen, zu einem mittelfesten Teig verarbeiten.

Butter wird erst im letzten Drittel des Mischens beigegeben und die Rosinen werden erst ganz kurz vor Schluss vorsichtig untergemischt, damit sie nicht zerquetscht werden.
Die Teigruhe beträgt 30 Minuten. Danach den Teig rundwirken und in sechs gleich große Stücke teilen.
Dann die Teigstücke zu gleich langen, verlaufenden Teigstangen (20 Zentimeter) ausrollen und aus diesen sechs Teigstangen 2 Dreierzöpfe flechten.

Auf ein befettetes Backblech legen, mit Ei bestreichen und mit gehackten Mandeln bestreuen. Ca. 40 Minuten stehen lassen und anschließend bei 170 °C in das vorgeheizte Backrohr geben.

Die Backzeit beträgt ca. 25 – 30 Minuten.

Gepoppter Amaranth

Ebenso wie Mais eignet sich auch Amaranth zum Poppen. Dazu wird ein Kochtopf ohne Zugabe von Fett erhitzt und in kleinen Mengen Amaranth in den heißen Kochtopf gegeben. Deckel darauf und hin und her schwenken, damit die Amaranthkörner nicht anbrennen.

Gepoppter Amaranth wird in Müslis, Suppen, Salaten oder als Beimischung für Weckerl und Brote verwendet.

Auch bei der Herstellung von Süßspeisen kann gepoppter Amaranth ideal eingesetzt werden.

Teegebäck mit Amaranth

500 g Dinkelmehl
240 g Amaranth
480 g Butter
240 g Honig
1 Ei
Vanille, Zitronensaft
Marmelade, Schokolade zum Eintauchen

ca. 1.460 g Gesamtteig

Alle Zutaten mischen und zu einem Mürbteig kneten. Vorsicht: Alle Zutaten müssen bei Zimmertemperatur verarbeitet werden (20 – 25 °C).

Insbesondere die Butter darf auf keinen Fall zu fest oder zu weich sein. Wenn alle Zutaten vermischt sind und keine Farbunterschiede im Teig erkennbar sind, mischen oder kneten Sie noch zirka 1/2 – 1 Minute weiter. Mürbteige dürfen Sie nie zu lange kneten. Nach dem Kneten stellen Sie den Teig 2 Stunden in den Kühlschrank, damit er sich besser ausrollen lässt. Anschließend rollen Sie den Mürbteig mit einem Rollholz auf zirka 2 – 4 mm aus. Jetzt können Sie mit verschiedenen Formen den Mürbteig ausstechen, mit Ei bestreichen und mit Sesam, Nüssen oder Kokosraspeln bestreuen.

Bei 160 °C zirka 10 – 15 Minuten backen. Anschließend mit Marmelade zusammensetzen oder in Schokolade tauchen.

Amaranth-Gemüse-Eintopf

200 g Amaranth
3/4 l Wasser
Margarine
3 Karotten
3 Stk. Lauch
ca. 100 g Saisongemüse
Thymian (oder andere getrocknete Kräuter)
1 Prise Salz

Amaranth und Wasser zusammen in einem Topf aufkochen. Den Topf zudecken und ca. 20 – 30 Minuten auf kleiner Flamme kochen lassen. Gemüse putzen, in kleine Würfel schneiden und in der Pfanne andünsten.

Das angedünstete Gemüse zum Amaranth geben. Das Ganze würzen und die Kochplatte ausschalten.

Danach noch 10 Minuten quellen lassen und servieren.

Amaranth-Müsli

Gepoppten Amaranth mit Milch oder Naturjogurt vermischen und nach Geschmack mit Honig süßen. Nach Belieben kann man Trockenfrüchte und Nüsse dazugeben.

Natürlich können Sie auch statt gepopptem Amaranth einen Teil grob gemahlenen Amaranth verwenden.

Amaranth-Dinkel-Teekuchen

120 g Butter
140 g Zucker
3 Eier
150 g Gemisch aus Rosinen, Zitronat, Nüssen, Aranzini, kandierten Früchten, Schokolade
Zitronensaft
Abrieb von einer halben Zitrone
140 g Dinkelmehl
60 g gepoppter Amaranth
1 Messerspitze Backpulver

ca. 760 g Gesamtmasse

Butter, Zucker und Eidotter (Eigelbe) sehr schaumig rühren. Das in Mehl gewälzte Früchtegemisch, Zitronensaft und Schale einrühren.

Das mit Backpulver versiebte Mehl mit gepopptem Amaranth und dem steifen Schnee von 3 Eiklar (Eiweiß) vorsichtig in die Masse einrühren.
In eine befettete, bemehlte Kastenform füllen.

Im vorgeheizten Backrohr bei 170 °C ca. 40 Minuten backen.

Kamut-Rezepte

Kamutbrot mit Hafer und Hirse

2 Brote à 800 g

850 g Kamutvollkornmehl, fein gemahlen
150 g Hafervollkornmehl, mittelgrob gemahlen
100 g Hirse, frisch gemahlen
ca. 600 g Wasser
30 g Salz
40 g Hefe
50 g Sauerteig
Brotgewürz nach Geschmack

ca. 1.820 g Gesamtteig

Salz und Hefe in Wasser auflösen und mit den restlichen Zutaten zu einem eher weichen Teig verarbeiten. 45 Minuten ruhen lassen.
Danach den Teig in zwei gleich große Stücke teilen. Zuerst rundwirken und dann zu Wecken formen. In Hafermehl oder Haferkleie wälzen und beide Teigstücke in Brotbackformen geben. Teigruhe abermals 45 Minuten.

Den Ofen auf 260 °C vorheizen, ein Gefäß mit Wasser dazustellen. Brote hineingeben und nach drei Minuten auf 180 °C zurückdrehen.
Die Backzeit beträgt ca. 60 – 65 Minuten.

Das Brot vor dem Anschneiden gut auskühlen lassen.

Kamutbrot mit Hafer und Hirse zeichnet sich besonders durch gute Haltbarkeit aus.

Kamut-Roggen-Mischbrot

2 Brote mit ca. 900 g

500 g Kamutvollkornmehl, fein gemahlen
500 g Roggenvollkornmehl, fein gemahlen
ca. 700 g Wasser
20 g Butter
30 g Hefe
15 g Brotgewürz, gemahlen
25 g Salz
175 g Sauerteig

ca. 1.965 g Gesamtteig

Hefe, Salz und Sauerteig in Wasser auflösen und mit den restlichen Zutaten zu einem mittelfesten Teig mischen. Den Teig so lange mischen, bis er geschmeidig ist und sich von der Schüssel löst.

Den Teig auf ein Holzbrett geben und zudecken. Die Teigruhe beträgt 40 Minuten. Danach wird der Teig in zwei gleich große Teile geteilt, aufgearbeitet und in zwei Brotbackformen gegeben. Die Teigruhe nach dem Aufarbeiten beträgt 45 Minuten. Bei 250 °C in das vorgeheizte Backrohr geben, ein Gefäß mit Wasser hineinstellen. Nach fünf Minuten auf 190 °C zurückdrehen und ca. 65 Minuten fertig backen.

Dieses Brot zeichnet sich durch besonders lange Haltbarkeit aus.

Kamut-Vollkornbrot

Brot mit ca. 1.200 g

800 g Kamutmehl, fein gemahlen
ca. 500 g Wasser, 25 °C
15 g Salz
50 g Hefe
15 g Butter

ca. 1.380 g Gesamtteig

Das Kamutvollkornmehl wird frisch gemahlen und dann in eine Schüssel gegeben. In die Mitte des Vollkornmehls wird eine Mulde gedrückt. Hefe und Salz in Wasser auflösen und mit dem Mehl zu einem Teig mischen. Die Butter erst im letzten Drittel des Mischvorganges dazugeben.

Den Teig auf ein Holzbrett geben und mit einem Tuch zudecken. Die Teigruhe beträgt 30 Minuten. Nach der Teigruhe wird der Kamutteig zu einem Wecken geformt und auf ein gefettetes Backblech mit dem Schluss nach unten gesetzt. Noch einmal 30 Minuten gären lassen und mit Wasser bestreichen.

Mit einem Messer dreimal schräg einschneiden. Im vorgeheizten Backrohr bei 240 °C ca. 55 – 60 Minuten backen. Das Backrohr nach ca. drei Minuten auf 200 °C zurückdrehen.

Kamutbrot zeichnet sich durch seine goldgelbe Farbe und einen leicht nussigen Geschmack aus.

Kamut-Hirse-Palatschinken mit Gemüsefüllung

250 g Kamutvollkornmehl, fein gemahlen
70 g Hirsemehl, frisch gemahlen
3 Eier
1 Prise Salz
Mineralwasser
frisch geschnittenen Schnittlauch nach Geschmack beigeben

ca. 470 g Gesamtmasse

Fülle:
600 g Gemüse der Saison
Rahm (saure Sahne)
Schnittlauch

Kamutmehl mit Hirsemehl mischen, mit den Eiern und dem Mineralwasser (nach Bedarf) zu einem mittelweichen Teig anrühren. Salzen und je nach Geschmack Schnittlauch beimengen. Den Pfannkuchenteig 1/2 bis 1 Stunde quellen lassen.

Für die Gemüsefülle das Gemüse in Salzwasser weichkochen, das Wasser abseihen und das Gemüse etwas abkühlen lassen. Mit Sahne mischen und würzen. Schnittlauch nach Bedarf zugeben.

Wenn die Gemüsefülle fertig ist, die Palatschinken in Fett herausbacken, mit der Gemüsefülle füllen und zusammenrollen.

Nach dem Anrichten mit Schnittlauch bestreuen.

Hirsebusserln (Hirseküsschen) mit Kamutmehl

500 g Butter
270 g Honig
4 Eier
1 TL Zitronensaft
330 g Hirseflocken
230 g Kamutvollkornmehl, fein gemahlen
110 g Nüsse, fein gehackt

ca. 1.610 g Gesamtmasse

Alle Zutaten werden bei Zimmertemperatur (20 °C) verarbeitet. Butter 1 – 2 Stunden vorher aus dem Kühlschrank nehmen.

Zuerst die Butter und den Honig mit der Küchenmaschine oder einem Handmixer vorsichtig vermischen. Langsam die verquirlten Eier dazugeben.

So lange aufschlagen, bis ein deutlicher Volumenzuwachs erzielt wurde (6 – 8 Minuten). Zitronensaft beigeben.

Die Hirseflocken, das Kamutvollkornmehl und die gehackten Nüsse trocken vermischen und anschließend mit einem Kochlöffel unter die aufgeschlagene Fettmasse heben.

Die Hirsemasse wird dann mit einem Dressiersack auf befettete Backbleche dressiert und mit Hirseflocken bestreut.

Bei 170 °C ca. 14 – 18 Minuten lang backen und sofort vom Backblech geben.

Früchtekuchen mit Kamutvollkornmehl

2 Stück

250 g Kamutmehl, fein gemahlen
200 g Butter
125 g Zucker oder Honig
125 g Marzipan
2 Eier
5 g Backpulver
40 g Nüsse, gerieben
1 Karotte, gerieben
50 g Aprikosen, klein geschnitten
25 g Mandeln, gerieben
1 Prise Salz
etwas Zitronensaft

ca. 970 g Gesamtmasse

Die Kuchenformen mit zerlassener Butter bestreichen und mit Mehl ausstauben.

Achtung! Alle Zutaten bei Zimmertemperatur verarbeiten.

Butter, Zucker, Marzipan, Salz und Zitronensaft in eine Schüssel geben und mit der Küchenmaschine oder dem Handmixer auf kleinster Stufe vermischen. Wenn sich alle Zutaten gut vermischt haben, auf einen schnelleren Gang schalten.
Die Eier langsam dazugeben und gut aufschlagen. Anschließend Kamutmehl, Backpulver, Nüsse, Mandeln, Aprikosen und Karotten vermischen und mit einem Kochlöffel vorsichtig unter die aufgeschlagene Masse rühren. Die Masse in die gefetteten und mit Mehl bestaubten Kuchenformen füllen.

Die Früchtekuchen werden bei 180 °C ca. 35 – 40 Minuten gebacken.

Briochestriezel aus Kamutmehl

2 Striezel mit ca. 450 g

500 g Kamutvollkornmehl, fein gemahlen
150 g Butter
80 g Honig
ca. 250 g Milch, 25 °C
4 Eidotter
40 g Hefe
abgeriebene Zitronenschale
1 Prise Salz

ca. 1.020 g Gesamtteig

Hefe und Salz in Milch auflösen und mit den restlichen Zutaten außer der Butter zu einem mittelfesten Teig vermengen. Die Butter erst im letzten Drittel des Mischens dazugeben. Den Teig so lange mischen, bis er sich von der Schüssel löst.

30 Minuten ruhen lassen und danach den Teig aufarbeiten und in sechs gleich große Stücke teilen. Dann die Teigstücke zu gleich langen, verlaufenden Teigstangen (20 Zentimeter) ausrollen. Jetzt aus diesen sechs Teigstangen zwei Dreierzöpfe flechten.

Auf ein befettetes Backblech legen, mit Ei bestreichen und mit gehackten Mandeln bestreuen. Ca. 40 Minuten stehen lassen und anschließend bei 170 °C in das vorgeheizte Backrohr geben.

Die Backzeit beträgt ca. 25 – 30 Minuten.

Kamut-Kleingebäck

1.000 g Kamutvollkornmehl, fein gemahlen
ca. 650 g Wasser, 25 g Salz, 20 g Butter, 50 g Hefe, 20 g Honig

ca. 1.765 g Gesamtteig

Das Kamutvollkornmehl in eine Schüssel geben und in die Mitte eine Vertiefung (Mulde) hineindrücken. Hefe in Wasser auflösen und hineinschütten, Salz und Honig dazugeben und von der Mitte aus das Fett beimengen.
Nach und nach Wasser beigeben. Den Teig kräftig durchkneten, bis er geschmeidig wird und Blasen wirft.

Wenn der Teig fertig gemischt ist, soll er eine eher weiche Konsistenz aufweisen.
Der Grund dafür: Die Kleieteilchen, die im Vollmehl enthalten sind, nehmen zwar viel, aber nur langsam Wasser auf. Holzfaserstoffe sind sehr saugfähig.
Dadurch wird der Teig während der Ruhezeit automatisch fester. Decken Sie nun den Teig zu und lassen Sie ihn an einem warmen Ort 25 Minuten aufgehen. Nach dieser Ruhezeit wird er »ausgestoßen«. Zu diesem Zweck wird er auf eine bemehlte Arbeitsplatte gelegt und mit beiden Händen flachgedrückt. Dadurch werden die verbrauchten Gärgase hinausgedrückt, es kommt Luft in den Teig, die Hefezellen können sich leichter vermehren, der Teig gärt schneller.
Noch einmal rundwirken und kleine Teigstücke mit einem Gewicht von 60 Gramm abwägen. Die ausgewogenen Teigknollen rundwirken und zu den einzelnen Kamut-Kleingebäcksorten formen.

Die Weiterverarbeitung des Kamut-Kleingebäckteiges erfolgt wie bei Dinkel-Kleingebäck.

Kamut-Tascherln mit Spinat-Schafkäse-Füllung

15 Stück

500 g Kamutvollkornmehl, fein gemahlen
ca. 200 g Wasser, 45 g Hefe, 15 g Salz, 1 Ei, 100 g Butter, 25 g Honig

ca. 935 g Gesamtteig

Fülle: 500 g Spinat, passiert
300 g Schafkäse, grob gerieben; 40 g Kamutmehl, 20 g Knoblauch, 10 g Oregano, 10 g Salz

ca. 880 g Gesamtfülle

Hefe und Salz im Wasser auflösen. Die restlichen Zutaten dazugeben und zu einem glatten, eher festen Teig verarbeiten.
Den Teig 15 Minuten rasten lassen.

Für die Fülle den passierten Spinat mit Schafkäse und Kamutmehl vermischen. Knoblauch, Oregano und Salz darunter mischen.

Die Gewürze können nach Geschmack erhöht, verringert oder auch gänzlich weggelassen werden.

Den Teig rechteckig ausrollen (50 x 30 cm), in Quadrate (10 x 10 cm) teilen und mit dem Küchenmesser schneiden. Die Fülle mit einem Löffel oder Dressiersack in die Mitte der quadratischen Teigstücke geben. Nun die Quadrate so zusammenlegen, dass die Spinatfülle nicht auslaufen kann. Die fertigen Spinattascherln auf befettete Backbleche setzen, mit Ei bestreichen und mit gehackten Kürbiskernen bestreuen.
Nach 45 Minuten Gärzeit im vorgeheizten Backrohr bei 180 °C ca. 20 Minuten backen.

Kamut-Dinkel-Biskuitroulade

10 Eier
250 g Honig
125 g Kamutvollkornmehl, fein gemahlen
125 g Dinkelvollkornmehl, fein gemahlen
1 Prise Salz
geriebene Zitronenschale
400 g Marillenmarmelade (Aprikosenmarmelade) zum Bestreichen

ca. 1.000 g Gesamtmasse
für 1 Backblech = 1 Roulade (15 – 18 Stück)

Eier, Honig, Salz und Zitronenschale zuerst über heißem Dampf warm aufschlagen, anschließend kalt schlagen.

Frisch gemahlenes Kamut- und Dinkelmehl mischen und vorsichtig mit einem Kochlöffel unter die aufgeschlagene Masse heben.
Das Backblech mit Trennpapier belegen und die Masse gleichmäßig aufstreichen.

Im vorgeheizten Ofen bei 220 °C ca. 12 Minuten backen.

Nach dem Backen den Biskuitfleck sofort vom Backblech geben, mit heißer Marillenmarmelade füllen und einrollen.

Die ausgekühlte Biskuitroulade außen mit Marmelade bestreichen und nach Geschmack mit Kokosraspeln oder gehobelten Mandeln bestreuen.

Vor dem Schneiden sollte die Biskuitroulade 1 – 2 Stunden in den Kühlschrank gestellt werden, um eine gute Schnittfestigkeit zu erreichen.

Quinoa-Rezepte

Gewürzter Quinoa-Wecken mit Sauermilch

2 Wecken à 750 g

250 g Quinoamehl, frisch gemahlen
600 g Dinkelmehl, frisch gemahlen
150 g Roggenmehl, frisch gemahlen
ca. 600 g Wasser
50 g Hefe
25 g Salz
100 g Sauermilch
10 g Brotgewürzmischung

ca. 1.785 g Gesamtteig

Hefe, Salz, Sauermilch im Wasser auflösen und mit den restlichen Zutaten zu einem mittelfesten Teig mischen. Die Teigruhe beträgt 40 Minuten. Der Teig wird in zwei gleich große Teile geteilt und rundgewirkt.

Die rundgewirkten Teigstücke ca. 3 – 5 Minuten rasten lassen, zu Wecken formen und mit dem Schluss nach unten auf ein befettetes Backblech setzen.

Nach ca. 30 – 35 Minuten mit Wasser bestreichen und mit ganzen Gewürzen wie Fenchel, Anis und Koriander bestreuen. 3-mal quer einschneiden und in das auf 230 °C vorgeheizte Backrohr schieben. Nach 5 Minuten auf 190 °C zurückdrehen und ca. 50 – 55 Minuten backen.

Bei diesem Rezept verwenden Sie statt Sauerteig Sauermilch. Das ergibt in Verbindung mit den Brotgewürzen ein ganz besonderes Aroma.

Quinoa-Fladen mit Knoblauch

6 Stück à 300 g

400 g Quinoamehl, frisch gemahlen
200 g Dinkelmehl, frisch gemahlen
400 g Roggenmehl, frisch gemahlen
ca. 750 g Wasser
70 g Hefe
25 g Salz
200 g Sauerteig
25 g Knoblauch, frisch gepresst

ca. 2.050 g Gesamtteig

Hefe, Salz und Sauerteig im Wasser auflösen und mit den restlichen Zutaten zu einem weichen Teig verarbeiten.
Die Teigruhezeit beträgt 50 Minuten.
Anschließend wird der Teig in 6 gleich große Stücke geteilt (das sind ca. 350 g), gewirkt und mit einem Rollholz ca. 1,5 – 2 Zentimeter dick ausgerollt.
Auf beiden Seiten gut mit Roggenmehl bestauben und auf befettete Backbleche setzen.

Nach ca. 20 – 25 Minuten bei 240 °C ins vorgeheizte Backrohr geben. Nach 3 Minuten auf 180 °C zurückdrehen.

Die Backzeit beträgt 20 – 25 Minuten.

Um einen noch intensiveren Knoblauchgeschmack zu erreichen, können Sie bis 40 g Knoblauch zugeben und nach dem Ausbacken die Fladen mit Knoblauchöl bestreichen.

Wachauerlaibchen mit Quinoa

ca. 23 Stück

350 g Quinoamehl
550 g Dinkelmehl
100 g Roggenmehl
650 g Wasser
80 g Sauermilch
70 g Hefe
25 g Salz
15 g Brotgewürzmischung

ca. 1.840 g Gesamtteig

Hefe, Salz und Sauermilch im Wasser auflösen und mit den restlichen Zutaten zu einem eher festen Teig verarbeiten. Die Teigruhe vor dem Aufarbeiten beträgt 20 Minuten. Die Teigstücke mit 80 g auswiegen. Der Wachauerteig wird zu Teigkugeln geformt und mit dem Schluss nach oben auf die Arbeitsplatte gesetzt. Nun die Teigstücke mit Quinoamehl bestauben und auf gefettetete Backbleche setzen. Nach einer Gärzeit von 20 Minuten im vorgeheizten Backrohr bei 210 °C ca. 20 – 25 Minuten backen.

Quinoa-Weckerln mit Sonnenblumenkernen

ca. 36 Stück

200 g Quinoamehl
800 g Dinkelmehl
250 g Sonnenblumenkerne
ca. 800 g Wasser
30 g Salz
60 g Hefe
20 g Butter

ca. 2.160 g Gesamtteig

Hefe mit Salz im Wasser auflösen und mit den restliche Zutaten zu einem etwas weicheren Teig verarbeiten. Die Teigruhe beträgt ca. 15 – 20 Minuten. Teigstücke werden mit 60 g ausgewogen (ca. 36 Stück) und rundgeformt. Kurz rasten lassen, zu Weckerln formen, mit Wasser bestreichen und mit Sonnenblumenkernen bestreuen. Auf ein befettetes Backblech geben und ca. 30 Minuten aufgehen (gären) lassen. Den Ofen auf 240 °C vorheizen, ein Gefäß mit Wasser dazustellen und die Sonnenblumenkernweckerln hineingeben. Nach 3 Minuten auf 200 °C zurückdrehen und 20 Minuten fertig backen.

Statt Sonnenblumenkernen können Sie bei diesem Rezept auch Kürbiskerne verwenden.

Quinoa-Salat mit gepopptem Amaranth

ca. 4 Personen

180 g Quinoa
50 g Amaranth
60 g Rosinen
3 Lauchzwiebeln
1 Birne
1 Karotte (mittelgroß)
100 g gepoppten Amaranth
abgeriebene Orangenschale
Sonnenblumenkernöl

Quinoa und Amaranth in 600 g Wasser zum Kochen bringen und ca. 15 Minuten ziehen lassen. Rosinen untermischen, vom Herd nehmen und auskühlen lassen. Lauchzwiebeln fein schneiden. Birne klein würfelig schneiden und die Karotte reiben.

Lauchzwiebeln, Karotte, Birne und gepoppten Amaranth mit den anderen Zutaten unter die Quinoamasse mischen und servieren.

Quinoa-Palatschinken (-Pfannkuchen)

250 g Dinkelmehl, fein gemahlen
150 g Quinoamehl, fein gemahlen
4 Eier
1 Prise Salz
Milch
Marmelade oder Zucker

ca. 600 g Gesamtmasse

Quinoamehl und Dinkelmehl mischen und mit den Eiern und der Milch zu einem mittelweichen Teig anrühren. Salzen und ca. 1 Stunde quellen lassen. Nach dem Quellen noch einmal kräftig umrühren, damit sich die Milch nicht absetzen kann.

Die Palatschinken (Pfannkuchen) werden in heißem Fett gebacken, mit Marmelade bestrichen oder einfach nur mit Zucker bestreut.

Quinoa-Fleisch mit Gemüse

4 Personen

250 g Mischgemüse
300 g Putenfleisch
200 g Quinoa
1 Zwiebel
ca. 1/8 l Wasser
Kümmel, Salz
Kräuter, Öl

Quinoa wird in einem Topf mit der 3-fachen Wassermenge ca. 15 Minuten gekocht (wie Reis). Zwiebel in einer Pfanne leicht anrösten und würfelig geschnittenes Putenfleisch dazugeben. Kurz weiterrösten, Wasser und Gewürze dazugeben und 10 Minuten zugedeckt dünsten. Gemüse beigeben und noch einmal 15 Minuten dünsten.

Danach geben Sie die gekochte Quinoa dazu und stellen das Ganze ins vorgeheizte Backrohr, um die Masse etwas ziehen zu lassen.

Quinoa-Laibchen

100 g Quinoa, 1 Ei
1 kleine Zwiebel, 1 EL geriebener Käse
1 EL Mehl, 1 EL Brösel, Majoran
Salz, Knoblauch, Pfeffer

Quinoa mit doppelter Menge Wasser ca. 20 Minuten dünsten. Auskühlen lassen. Dann Quinoa mit den übrigen Zutaten vermischen und Laibchen formen. Die Laibchen in Fett herausbacken.

Als Beilage eignen sich Petersilienkartoffeln hervorragend.

Quinoa-Auflauf

100 g Quinoa
1 großer Apfel, 2 Eier, 40 g Margarine
125 g Magertopfen, 2 EL Honig
geriebene Zitronenschale, Zucker

Quinoa mit der doppelten Menge Wasser 15 – 20 Minuten dünsten und dann auskühlen lassen. Aus Margarine, Honig, Eidotter (Eigelbe) einen Abtrieb zubereiten und mit dem Magertopfen vermischen. Zum Schluss geriebenen Apfel, Quinoa und den Eischnee mit Zitronenschale unterheben. Die Backzeit beträgt ca. 50 Minuten bei 180 °C.

Vor dem Servieren den Auflauf mit Staubzucker bestreuen.

Linzertorte mit Quinoa

1 Torte mit ca. 24 – 26 cm Durchmesser

300 g Butter, 300 g Honig, 4 Eier
100 g Quinoa, gemahlen
150 g Semmelbrösel, 150 g Haselnüsse, gerieben
200 g Dinkelmehl, fein gemahlen, Zimt
1 Prise Salz, 10 g Backpulver, Oblaten
ca. 150 g Ribiselmarmelade zum Bestreichen

ca. 1.610 g Gesamtmasse

Butter, Honig und Salz schaumig rühren. Eier nach und nach beimengen. Weiterrühren, bis ein Volumenzuwachs erreicht ist.

Die restlichen Zutaten wie Quinoa, Brösel, Haselnüsse, Dinkelmehl, Zimt, Backpulver trocken vermengen und vorsichtig mit einem Kochlöffel in die aufgeschlagene Masse rühren.

Die Linzermasse wird nun in eine gefettete und mit Mehl gestaubte Tortenform eingefüllt. Achtung: ca. 10 – 20 % der Masse für das Gitter der Linzertorte zurückbehalten. Die Torte mit Oblatten belegen und mit Ribiselmarmelade bestreichen.

Nun das typische Linzertortenmuster mit der restlichen Masse mit einem Dressiersack aufdressieren. Eventuell noch mit Mandeln oder gehackten Nüssen bestreuen.

Die Linzertorte wird bei ca. 170 °C in das vorgeheizte Backrohr gegeben und ca. 60 – 70 Minuten gebacken.

Literatur

Kunze, M., Kiefer, I., Gieler, R.: Natürlich Getreide, Kneipp-Verlag Leoben

Brider, B.: Köstlichkeiten aus der Getreideküche, Südwest-Verlag

Berweger, T.: Kochen mit Dinkel, Midena-Verlag

Weber, M.: Mit Vollkorn kochen, Walter-Hördecke-Verlag

Elmadfa, I., Aign, W., Muskat, E., Fritzsche, D., Cremer, H.-D.: Die große GU Nährwert Tabelle, Gräfe und Unzer

Der kleine »Souci-Fachmann-Kraut«, Lebensmitteltabelle für die Praxis, Wissenschaftliche Verlagsgesellschaft mbH Stuttgart

Informationen der Firma Bioquelle

Informationen der Mühle Kianek

Life-Power-Produkte Posch Innovative Produktentwicklung

Bezugsquellen in Österreich

Fertige Backwaren: Bio-Vollwert-Bäckerei Gradwohl, Hauptstraße 40, 7331 Weppersdorf, Telefon 02618/2273 oder 2255, Fax 02618/3164, sowie Gradwohl-Filialen in Wien, Niederösterreich und Burgenland und Gewußt-wie-Drogerien

Amaranth und Quinoa: Life-Power Posch, Postfach 504, A-3101 St. Pölten, Tel. 02747/2386, Fax 02747/4686

Kamut: Mühle Kianek, 2083 Pleissing bei Retz, Info-Telefon: 02948/83012, Telefon: 02948/8301, Telefax: 02948/83014

Dinkel und Grünkern: Reformhäuser, Drogerien und Naturkostläden

Information und Bezugsquellen in Deutschland

Arbeitsgemeinschaft Ökologischer Landbau, Brandschneise 1, D-64296 Darmstadt, Telefon: 06155/2081, Fax: 06155/2083, e-mail: AGOEL@t-online.de

Demeter-Bund e. V., Brandschneise 2, D-64295 Darmstadt, Telefon: 06155/8469-0, Telefax: 06155/8469-11, e-mail: demeterbd@aol.com

Bioland e. V., Kaiserstraße 18, D-55116 Mainz, Telefon: 06131/239790, Telefax: 06131/2397927, e-mail: biolandbv@compu-serva.com

Biokreis Ostbayern e. V., Heiliggeist-/ Ecke Hennengasse, D-94032 Passau, Telefon: 0851/32333, Telefax: 0851/32332, e-mail: biokreis@t-online.de

Naturland-Verband für naturgemäßen Landbau e. V., Kleinhaderner Weg 1, D-82166 Gräfelfing, Telefon: 089/8545071, Telefax: 089/855974, e-mail: naturland.germany@t-online.de

ANOG e. V., Pützchens Chaussee 60, D-53227 Bonn, Telefon: 0228/461262, Telefax: 0228/461558, e-mail: anogev@t-online.de

EcoVin e. V., Zuckerberg 19, D-55276 Oppenheim, Telefon: 06133/1640, Telefax: 06133/1609

Gäa e. V.-Vereinigung Ökologischer Landbau, Am Beutlerpark 2, D-01217 Dresden, Telefon und Telefax: 0351/4012389

Ökosiegel e. V., Barnser Ring 1, D-29581 Gerdau, Telefon und Telefax: 05808/1834

Biopark e. V., Karl-Liebknecht-Straße 26, D-19395 Karow, Telefon 038738/70309, Telefax: 038738/70024

Reformhäuser und Naturkostläden